guia
prático
dos
tecidos

maria helena daniel

guia
prático
dos
tecidos

novo século®

São Paulo
2011

Para Breno Chvaicer, marido e cúmplice.
E para minha família, pequena e unida.

In memorian Henrique Pasmanik.
(17/05/1934 – 02/11/2003)

Agradeço especialmente a:
Cori
Gep Ind. e Com. Ltda
Rosset Têxtil
Jakob Schlaepfer
Loro Piana
Werner fábrica de tecidos S/A
Somelos tecidos Brasil Ltda.
Malharia Internacional
Malharia Santaconstancia
Lanabella Têxtil
Romeu Couros
Ricardo Almeida
Reinaldo Lourenço
Alexandre Herchcovitch
Denise Kusminsky
Maria José de Carvalho (Publisher – MJC Textília)
Leo Slezynger

Guia prático dos tecidos
Copyright © 2011 by Maria Helena Daniel
Copyright © 2011 by Novo Século Editora Ltda.

Reimpressão – nov./2018

EDIÇÃO: Pedro Paulo de Sena Madureira
COORDENAÇÃO: Marco Pace
PRODUÇÃO EDITORIAL: Desenho Editorial
PROJETO GRÁFICO: Guilherme Xavier
COMPOSIÇÃO: Herbert Junior
FOTOGRAFIA: Daniel Chvaicer, Fabio Mangabeira, Wellington Sousa
REVISÃO TÉCNICA: Paulo Diamant, Angelo Frigério, Francisco de Paula Ferreira, Maria José de Carvalho

EDITORIAL
Jacob Paes • João Paulo Putini • Nair Ferraz
Rebeca Lacerda • Renata de Mello do Vale • Vitor Donofrio

Dados internacionais de catalogação na Publicação (CIP)
Angélica Ilacqua CRB-8/7057

Daniel, Maria Helena
    Guia prático dos tecidos / Maria Helena Daniel. – Barueri, SP : Novo Século Editora, 2018.

    1. Tecidos - Manuais, guias, etc. 2. Fibras têxteis I. Título
18-1987   CDD 677.074

Índices para catálogo sistemático:
1. Tecidos - Manuais, guias, etc. 677.074

Alameda Araguaia, 2190 – Bloco A – 11º andar – Conjunto 1111
CEP 06455-000 – Alphaville Industrial, Barueri – SP – Brasil
Tel.: (11) 3699-7107 | Fax: (11) 3699-7323
www.gruponovoseculo.com.br | atendimento@novoseculo.com.br

SUMÁRIO

APRESENTAÇÃO 16

TECIDOS 19

ESTRUTURA DO TECIDO. 29

ESTRUTURA DE MALHAS 35

PRINCIPAIS FIBRAS USADAS NAS
CONFECÇÕES BRASILEIRAS 39

PADRONAGEM 101

FIBRAS QUÍMICAS ARTICIFIAIS
OBTIDAS DA POLPA DA MADEIRA. . . . 121

FIBRAS QUÍMICAS SINTÉTICAS
OBTIDAS A PARTIR DO PETRÓLEO . . . 145

VELUDO 151

JEANS 156

A ALMA DO CURTUME. 165

PELOS 227

TECIDOS TECNOLÓGICOS 237

TECIDOS SUSTENTÁVEIS 265

O SONHO. 273

ÍNDICE 309

APRESENTAÇÃO / ESCREVI ESTE LIVRO COM O OBJETIVO DE ATENDER ÀS CURIOSIDADES E NECESSIDADES TÉCNICAS DAS PESSOAS INTERESSADAS NO MUNDO DA MODA, ÀQUELAS QUE TRABALHAM COTIDIANAMENTE NO RELACIONAMENTO COM CONSUMIDORES E PROFISSIONAIS DESTE UNIVERSO, E, SOBRETUDO, ÀQUELES QUE SIMPLESMENTE ESTÃO EM BUSCA DE INFORMAÇÕES OBJETIVAS, PRÁTICAS E PRECIOSAS SOBRE OS MAIS DIVERSOS TIPOS DE TECIDOS DISPONÍVEIS EM NOSSO PAÍS.

NÃO PRETENDO DE MODO ALGUM CONTAR AQUI A ORIGEM, HISTÓRIA OU O FUTURO DESSES TECIDOS PELO SIMPLES FATO DE QUE NÃO SOU UMA HISTORIADORA, MAS, SIM, UMA PROFISSIONAL COM 33 ANOS DE EXPERIÊNCIA DE MERCADO, ATUANDO COMO COORDENADORA DE ESTILO E PRODUTO E DANDO TREINAMENTO A EQUI-

PES DE VENDAS NOS QUATRO CANTOS DO BRASIL. AO LONGO DESSE PERÍODO, SENTI QUE JÁ HAVIA PASSADO A HORA DE ALGUÉM ESCREVER UMA OBRA QUE APRESENTASSE O BÁSICO – PORÉM FUNDAMENTAL – SOBRE OS TECIDOS DISPONÍVEIS AQUI DE UMA MANEIRA LEVE E AO MESMO TEMPO DIDÁTICA E DESCONTRAÍDA.

MUITOS DE MEUS CLIENTES ME PERGUNTAM: "ESSE TECIDO TEM QUALIDADE?", "ESTE TEM BOM CAIMENTO?", "SERÁ QUE VAI ME ENGORDAR?", "ESTE AQUI AMASSA?". TALVEZ ESTE LIVRO NÃO TENHA A RESPOSTA PARA ESSAS E MUITAS OUTRAS PERGUNTAS QUE VOCÊ TAMBÉM ESTEJA SE FAZENDO, MAS, TENHO CERTEZA, ENSINARÁ A VOCÊ O QUE NENHUM OUTRO ENSINA E, O MELHOR DE TUDO, DO MODO MAIS ELEGANTE E BELO QUE ALGUÉM PODERIA LHE OFERECER.

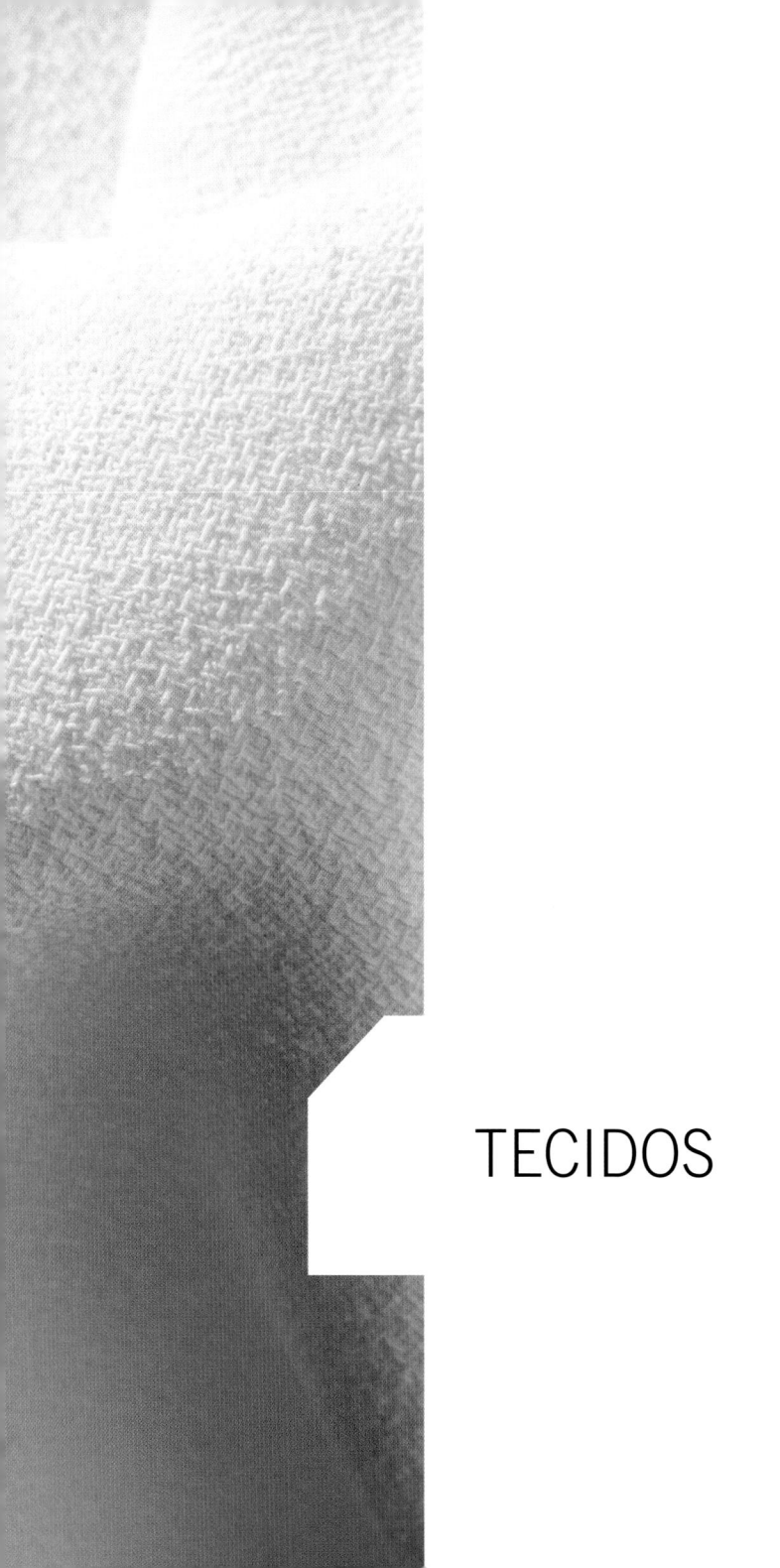

TECIDOS

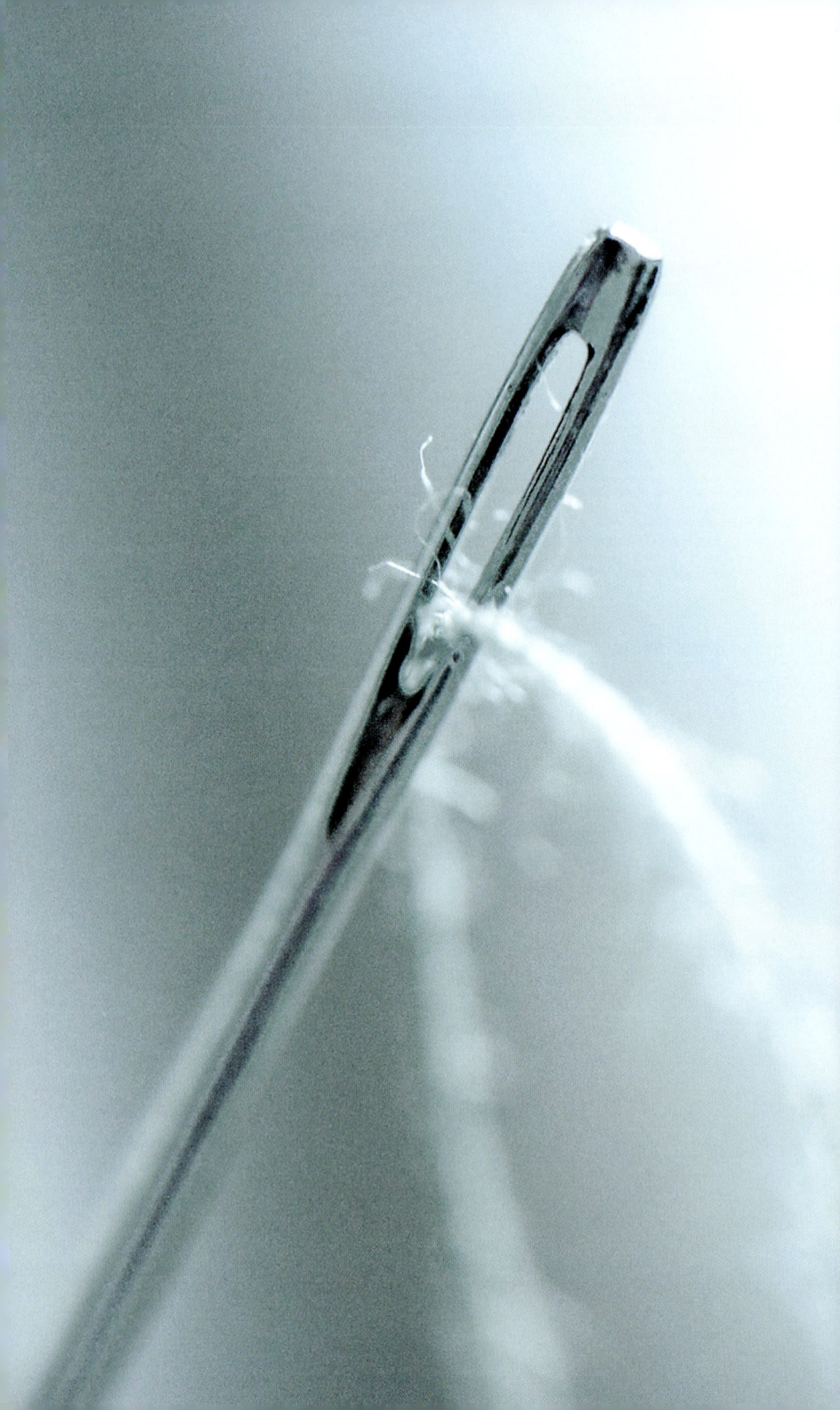

FIBRA TÊXTIL

A fibra têxtil é a matéria-prima a partir da qual os tecidos têxteis são fabricados. As fibras são transformadas em fios pelo processo de fiação, e os fios, por sua vez, diferem entre si e dependem do comprimento das fibras, que podem ser longas ou contínuas, como os filamentos de poliéster, poliamida etc., como as fibras de seda, ou curtas, como as fibras de algodão ou lã.

Entre as naturais, a do algodão é certamente a mais importante e representa, aproximadamente, 50 por cento da produção mundial anual de fibras. As fibras animais são responsáveis por seis por cento da produção mundial, dentre as quais a lã é a mais importante. Há também as fibras de crina de diversos tipos de cabra, que fornecem o mohair e a cashmere, e as finíssimas fibras produzidas pelo bicho-da-seda. Com exceção da seda, as fibras naturais são relativamente curtas, apresentando, em média, entre dois e 12 centímetros de comprimento.

FIAÇÃO

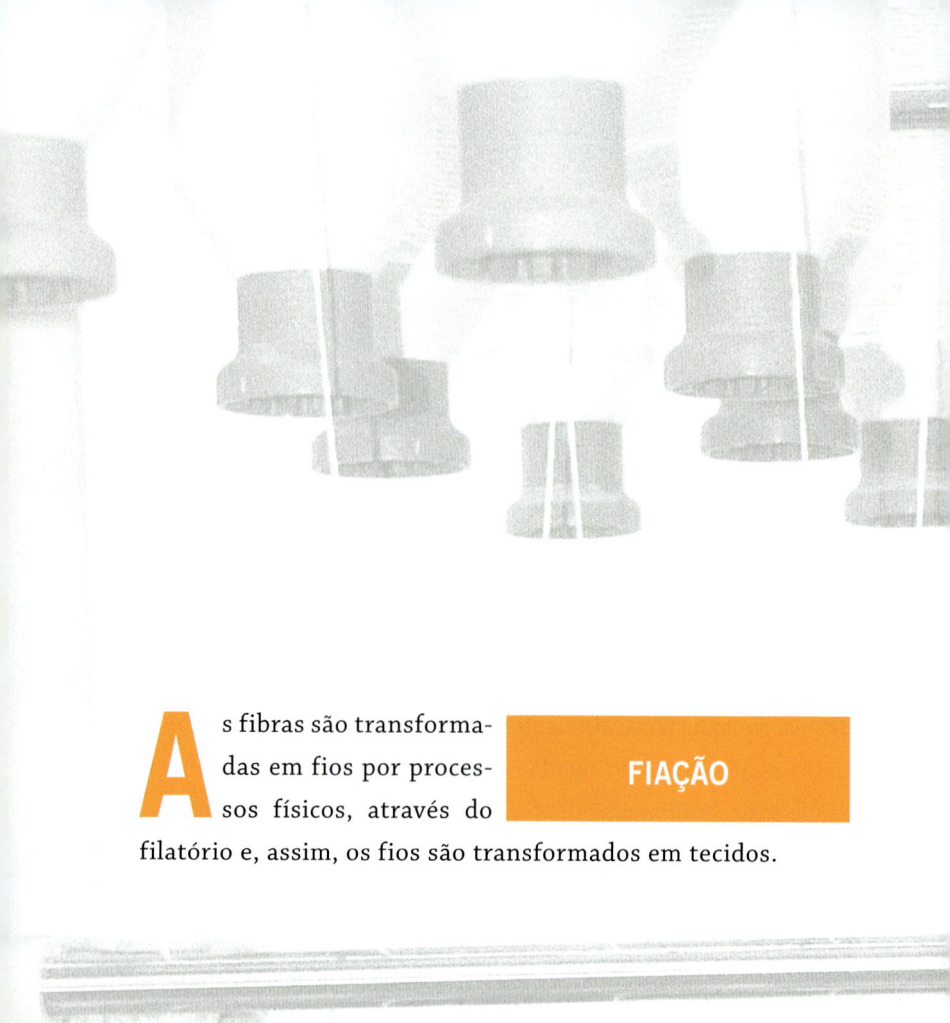

As fibras são transformadas em fios por processos físicos, através do filatório e, assim, os fios são transformados em tecidos.

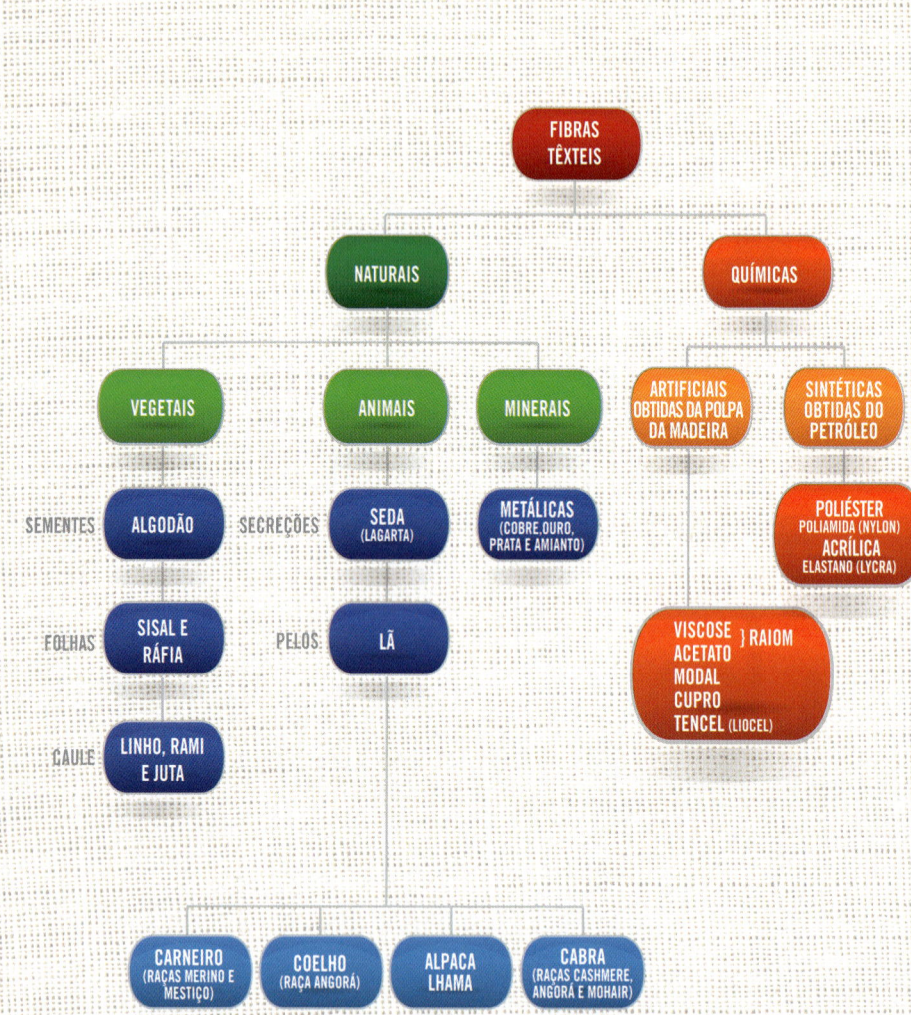

FIBRAS NATURAIS

As fibras naturais são encontradas prontas na natureza e precisam apenas de alguns processos químicos e físicos para serem transformadas em fios. As principais fibras naturais são o algodão, a lã, a seda e o linho.

FIBRAS QUÍMICAS

São produzidas pelo homem através de processos químicos. Dividem-se em dois tipos:

ARTIFICIAIS
Produzidas quimicamente, porém, com matéria-prima natural, geralmente celulose de diversos tipos. As principais fibras artificiais são a viscose e o acetato.

SINTÉTICAS
São produzidas pelo homem a partir de matérias-primas não-naturais, principalmente oriundas das indústrias química e petroquímica. As principais fibras sintéticas são o poliéster, a poliamida e o elastano.

ESTRUTURA DO TECIDO

TECIDOS PLANOS

Possuem estrutura resultante de sucessivos entrelaçamentos de dois fios, um no urdume e outro da trama, que se cruzam e formam um ângulo reto.

OS TIPOS DE TECIDOS PLANOS SÃO:

- ligamento em tafetá ou tela;
- ligamento em sarja;
- ligamento em cetim.
- ligamento maquinetado.

O PROCESSO É FEITO EM TRÊS ETAPAS:

1. abertura da cala: abertura dos fios do urdume na sequência do ligamento;

2. inserção da trama: a cada cala aberta insere-se um fio do urdume;

3. batida do pente: o fio de trama é encostado no arremate, junto à trama anterior.

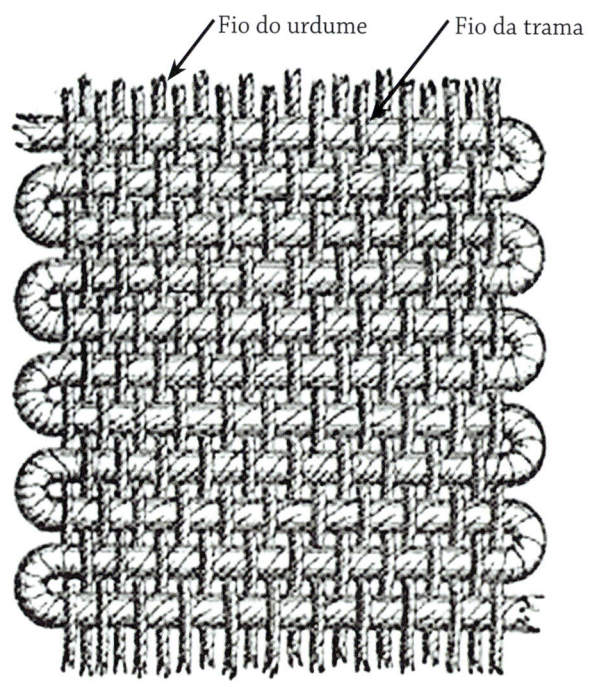

Urdimento: gaiola de fios

Urdideira

Rolo de urdume no tear

Tecido cru

ESTRUTURA DE MALHAS

MALHA E PROCESSO DE MALHARIA

As malhas são produzidas por teares circulares, obtidos por meio do entrelaçamento de um fio com ele próprio, em um processo idêntico ao tricô.

ESTA MAQUINA
ESTA UTILIZANDO
FIO MVS VORTEX
Universal Têxtil
**FIO ALGODÃO
PENTEADO NE 30/1**

PRINCIPAIS FIBRAS
USADAS NAS CONFECÇÕES
BRASILEIRAS

ALGODÃO

Fibra que nasce em torno da semente da planta de algodão. É uma das fibras têxteis mais antigas do mundo e a mais usada hoje.

Na Índia, o algodão já era cultivado, fiado e tecido na Idade do Bronze, três mil anos antes de Cristo, por uma civilização que dominava inclusive a arte do metal. Mesmo depois de tantos milênios, o algodão se mantém como a principal fibra têxtil do mundo.

ALGODÃO CARDADO

Processo utilizado para produção de fios médios e grossos, como por exemplo jeans e moletons.

ALGODÃO PENTEADO

No sistema penteado, o fio passa por um equipamento chamado penteadeira, que possui a função de retirar as fibras mais curtas antes de se formar o fio, impurezas como cascas, que são provenientes do algodão, e não foram retiradas em processos anteriores. Esse método fornece um fio de qualidade superior, pois, uma vez que é mais limpo, não possui fibras curtas e é mais resistente, tem menos neps (nós) e forma menos pilling no tecido acabado. Porém, devido à retirada de mais fibras no processo, a perda de algodão para a produção é maior. Isto, juntamente com a inclusão de mais um equipamento do fluxo produtivo, eleva o custo de fabricação e consequentemente o preço do fio, sendo este o fator principal para o encarecimento do fio penteado.

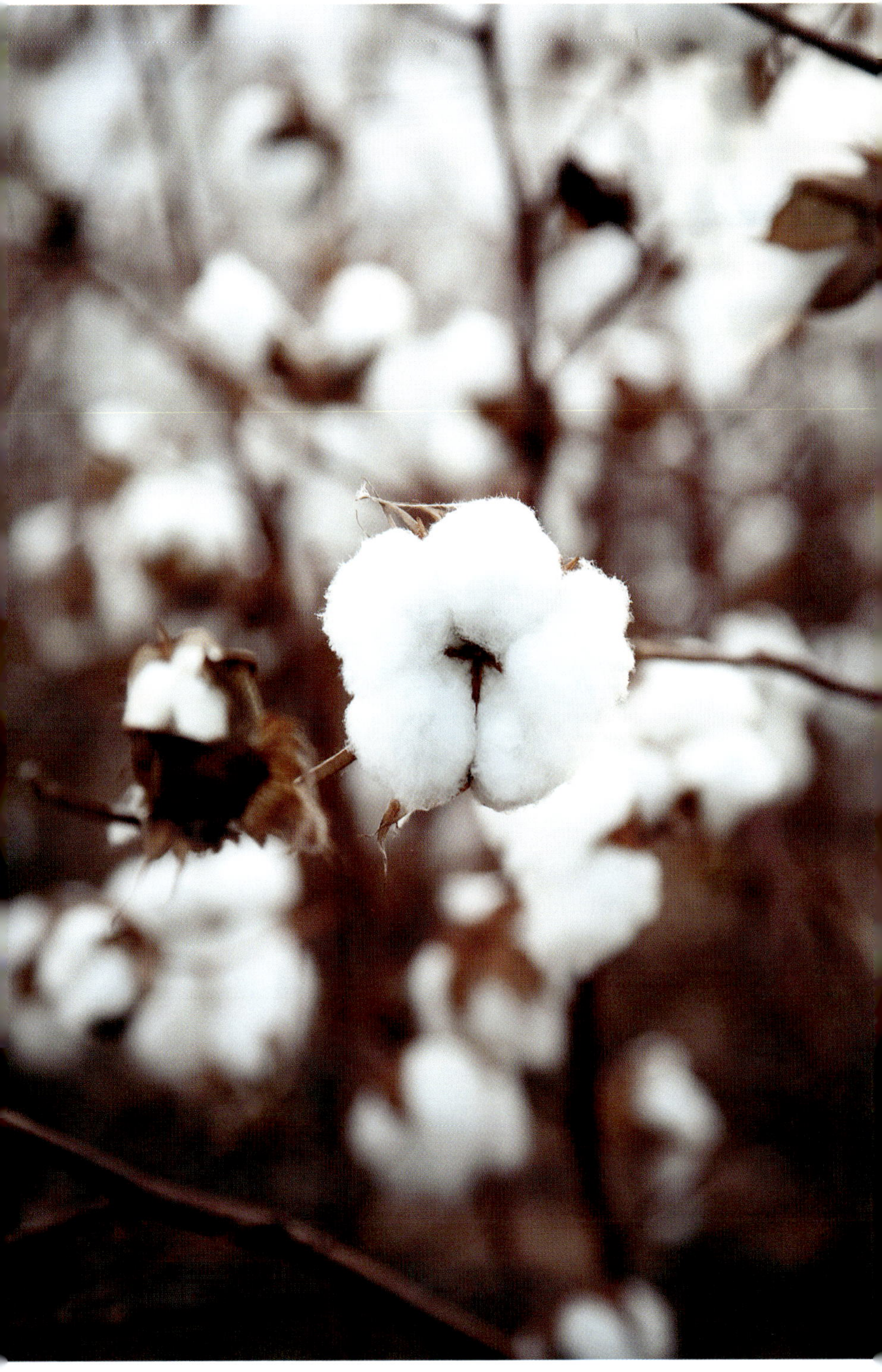

ALGODÃO PIMA

Algodão de fibra longa encontrado apenas no Peru, tão nobre quanto o egípcio. Esta fibra é utilizada em camisetas ou em camisaria. Quando seus fios são tintos, tornam-se muito mais sofisticados. É o luxo dos algodões.

ALGODÃO EGÍPCIO

Algodão que possui a fibra mais longa do mundo e resulta em um tecido bastante macio e durável. Portanto, é o mais sofisticado e desejado. Quem conhece um bom lençol egípcio jamais esquece.

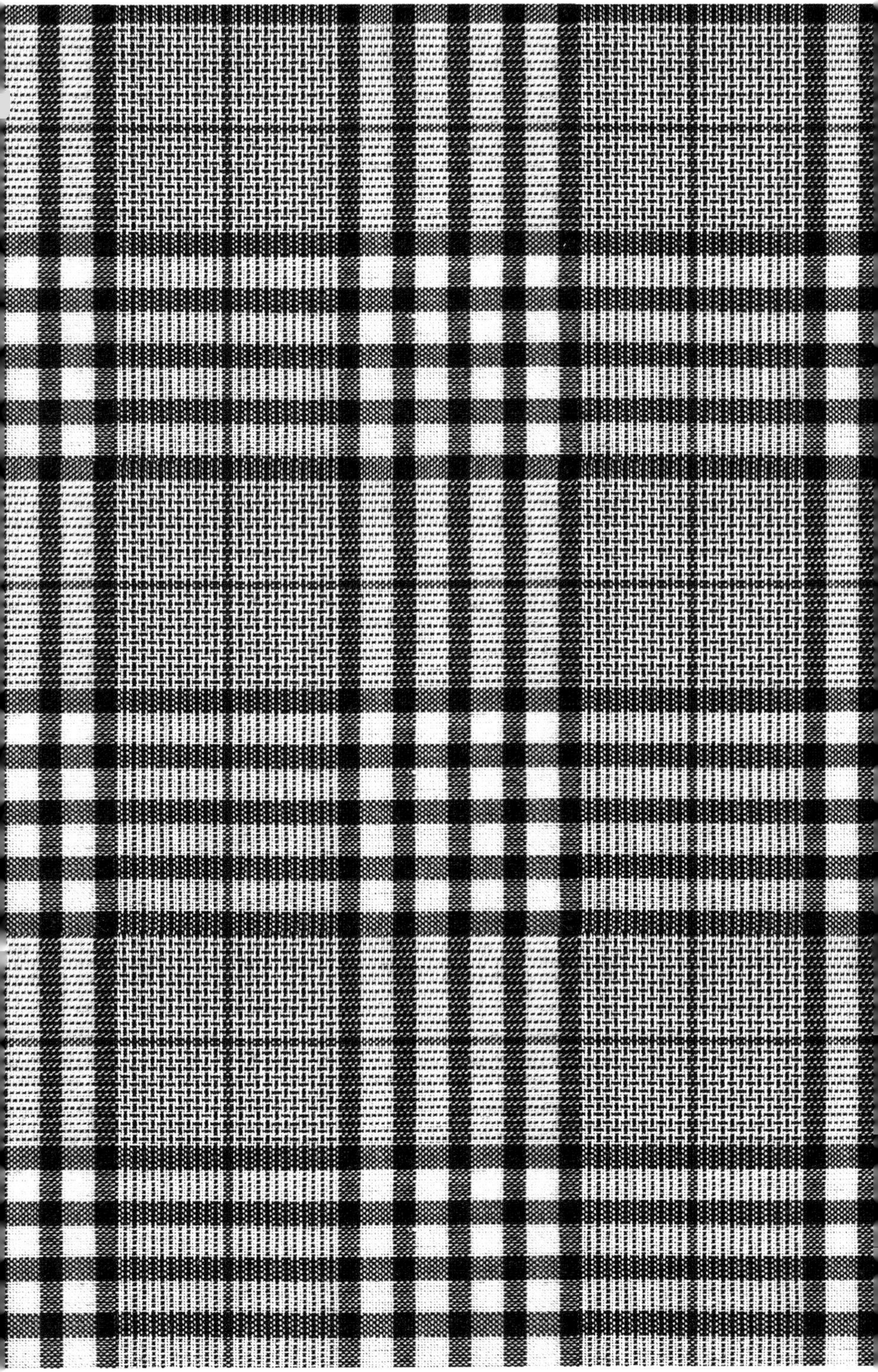

ALGODÃO FIO 100

Usado para camisaria. O algodão é feito de fibras muita finas e selecionadas, conferindo leveza, uniformidade e brilho. Quanto maior o número (100), mais fino e valioso é o tecido. Normalmente encontrado no Peru ou na Itália.

TRICOLINE DE ALGODÃO

O tricoline é um tecido de construção em tela, produzido com a leveza e a resistência de finos fios de algodão penteado mercerizado. Pode ser liso, estampado ou obter padrões com fio tinto, como xadrezes e listrados. Seu peso é um pouco maior que o da cambraia. É a base da camisaria do mundo todo, atendendo a um mercado cada vez mais exigente e sofisticado no que diz respeito a tecidos leves. Pode, ainda, obter elasticidade quando combinado com o elastano, bem aceito na confecção brasileira.

PADRONAGENS DE ALGODÃO FIO TINTO

Tipo de padronagem onde os desenhos (listras ou xadrezes) são formados pelo posicionamento de fios de cores diferentes, em desenhos retos, precisos e com alguma sobreposição de cores.

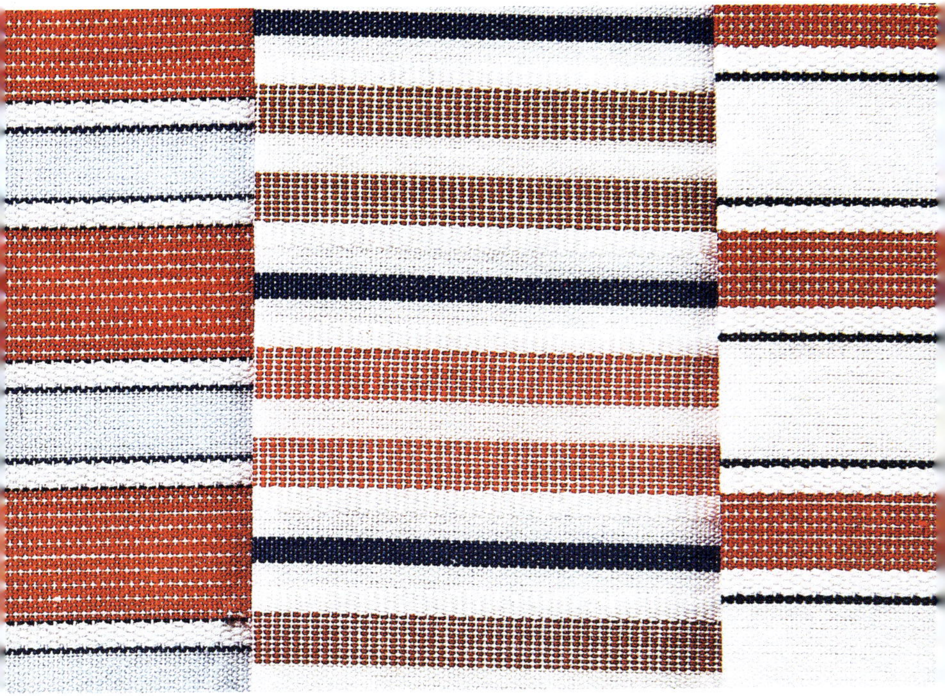

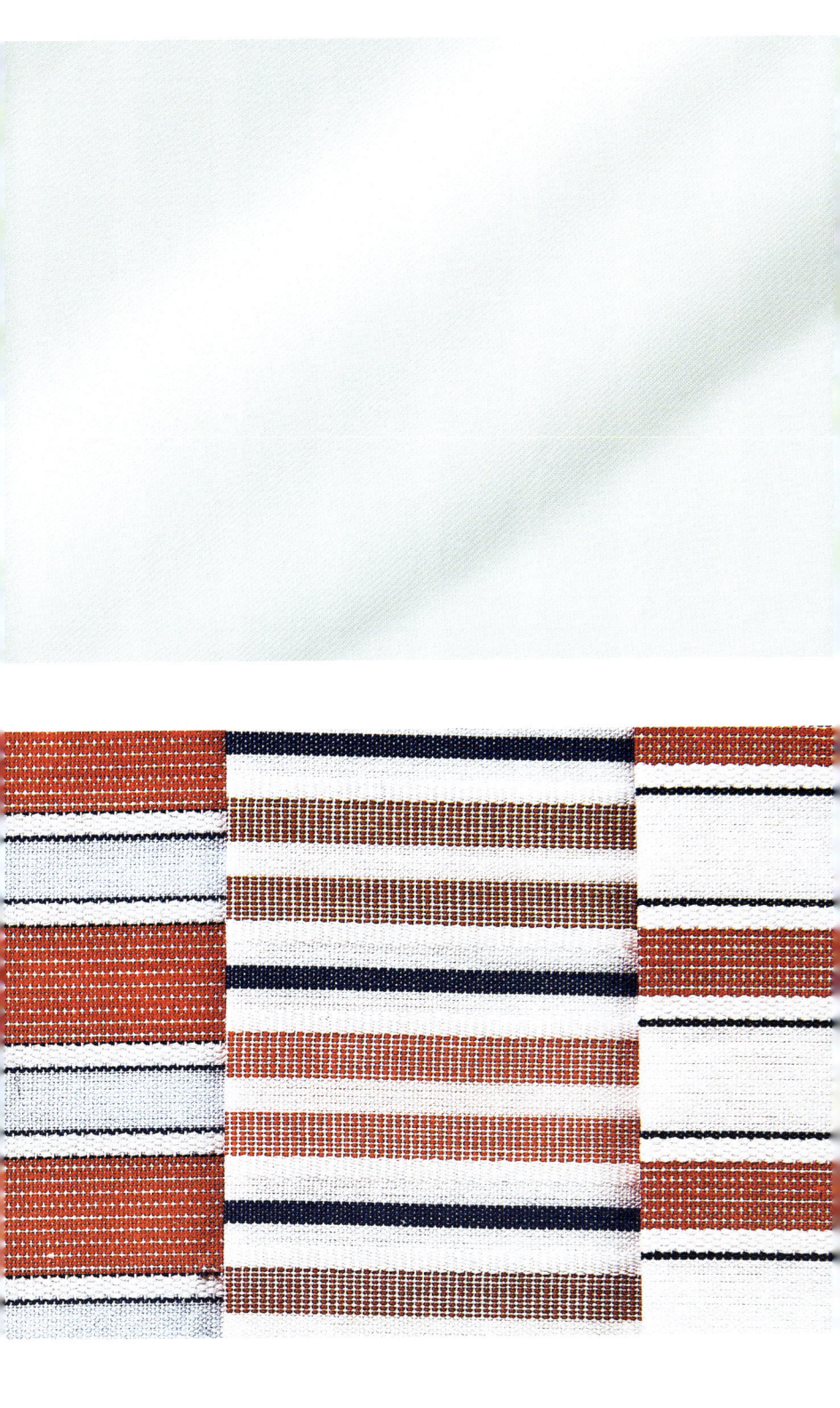

OXFORD

Tecido de algodão com ligamento em tafetá (2x2) muito usado em camisaria e originário de Oxford, na Inglaterra. Inicialmente, era composto de puro algodão; porém, nos dias atuais, o raiom, o acetato e as fibras sintéticas são utilizados em sua fabricação. Encontrado em camisaria masculina.

PADRONAGENS DE ALGODÃO MAQUINETADO

Tecido com desenhos e texturas simples, resultantes de ajustes no tear que possui um equipamento especial chamado 'maquineta'. Muito usado em tecidos de camisaria, criando o efeito 'falso liso'.

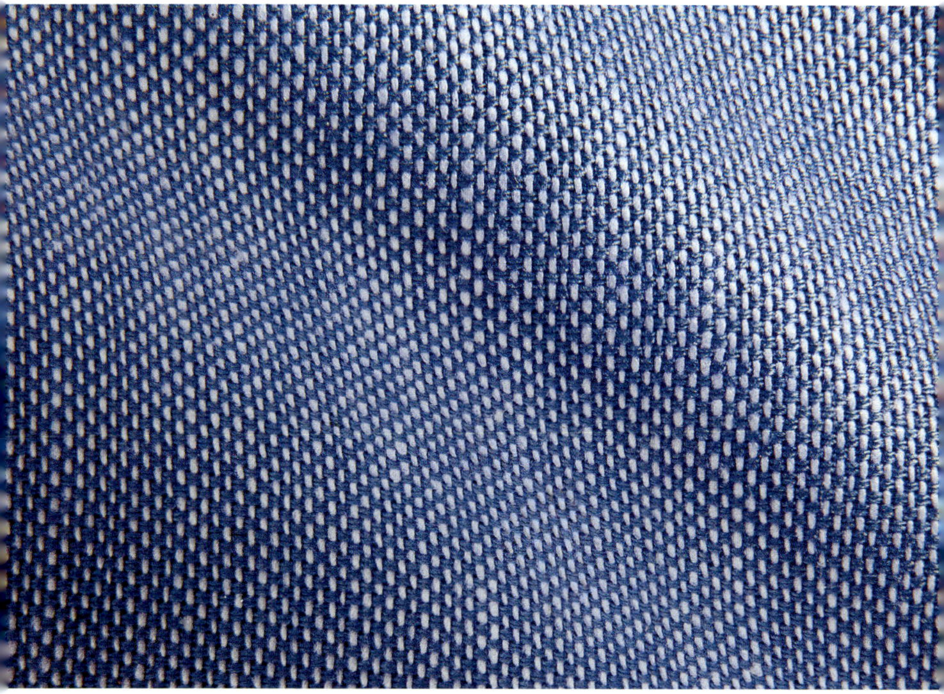

PIQUÊ

Tecido de algodão em jacquard com desenhos em forma de losango ou casa de abelha em alto relevo. Emprega-se sobretudo o processo de matelassê para aumentar o efeito do relevo.

SARJA ALGODÃO COM ELASTANO

É uma das construções básicas de tecido. São resistentes, duráveis e muito usadas para a linha casual.

GABARDINE

Pode ser de algodão, lã ou fio sintético. Tecido muito apreciado no Brasil, pois tem caimento para alfaiataria, vestidos, trench coat (capa de chuva) e é ideal para o nosso clima tropical. Também é ótimo para estampas e, combinado com o elastano, obtem superflexibilidade.

ANARRUGA

Tecido encrespado obtido por meio de processo químico ou físico, utilizando fibras com encolhimentos diferentes. Leve e de aspecto amassado, durável e macio.

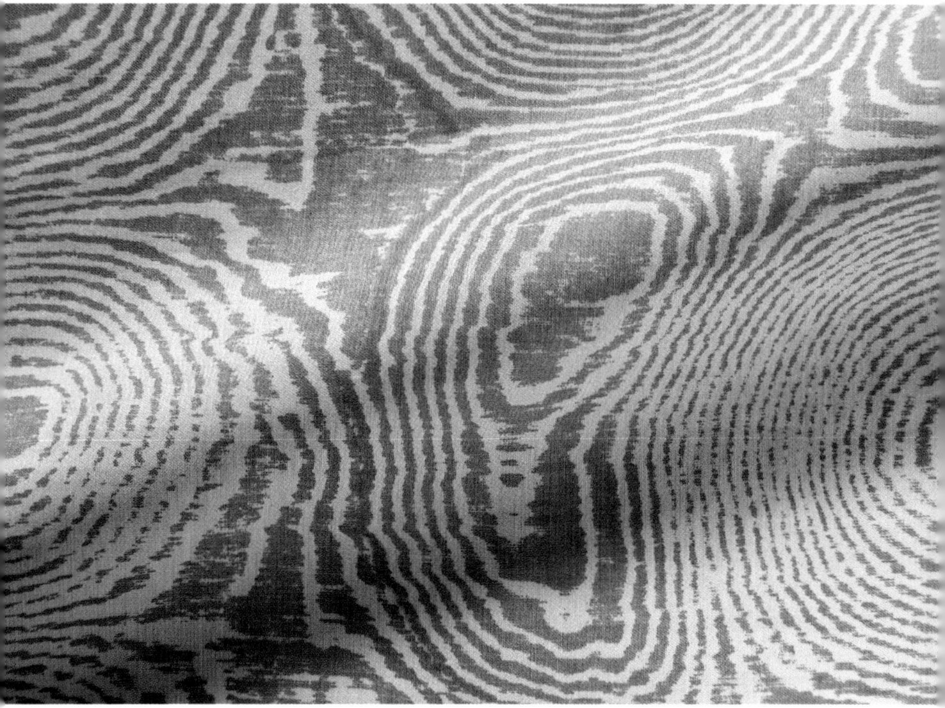

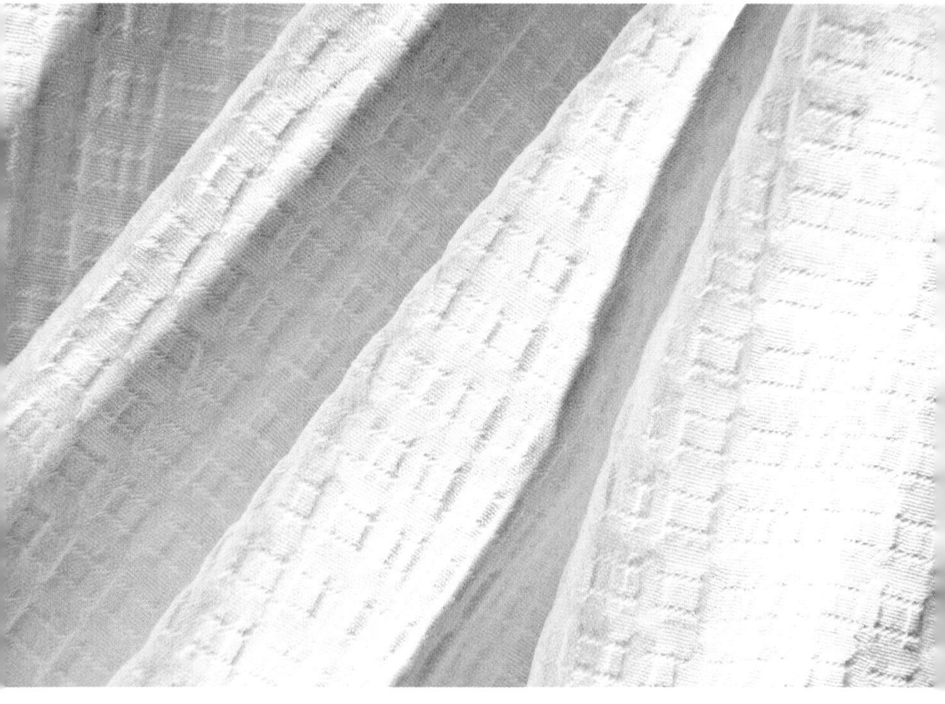

GAZE

Tecido de algodão muito leve e transparente e com baixa densidade de fios, também conhecido como bandagem de fácil coloração. Excelente para o clima brasileiro por sua leveza.

LAISE

Tecido leve de algodão, com motivos bordados e muitas vezes vazados. Originário da França.

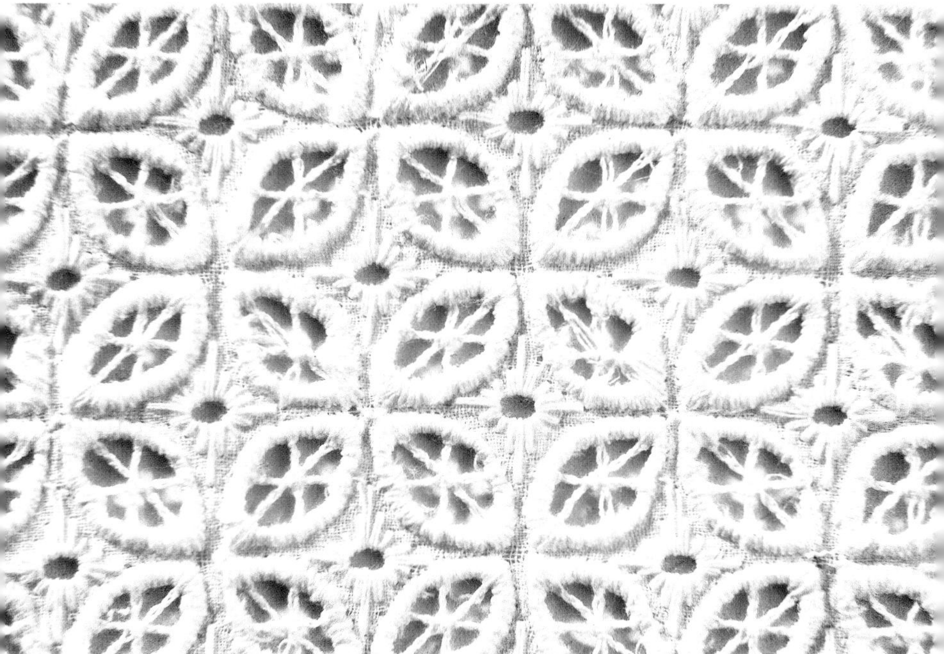

ALGODÃO ESTAMPA FLORAL
O floral foi o motivo predominante na estamparia no século XVlll. Ele dá feminilidade a qualquer mulher e permite que ela respire livremente.

RENDA
Tecido vazado cujos fios, trabalhados manualmente ou em máquina, se entrelaçam e formam desenhos. As rendas podem ser de algodão, linho, poliéster ou outras fibras.

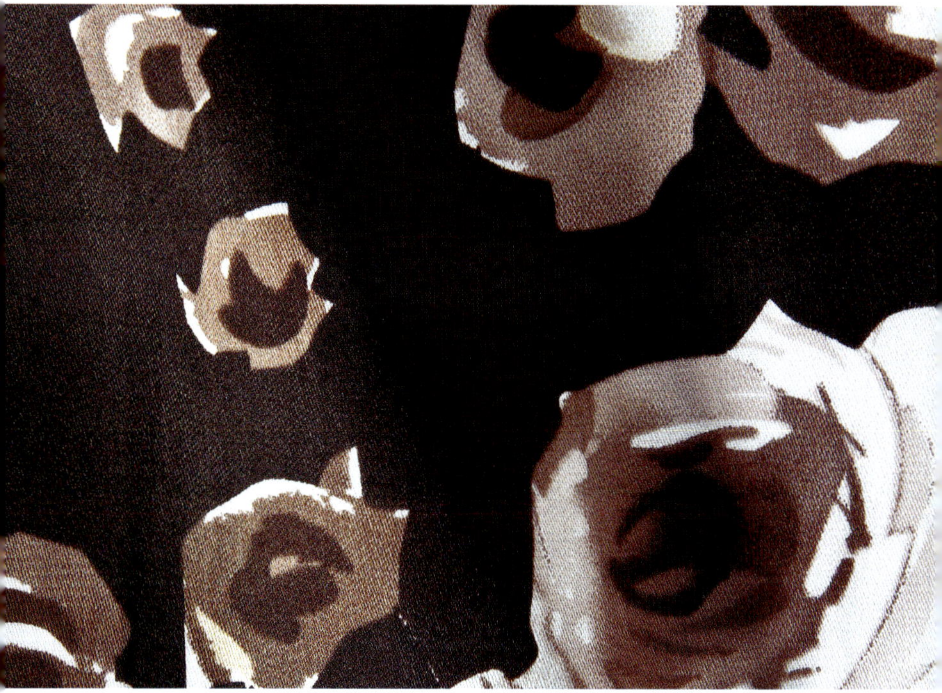

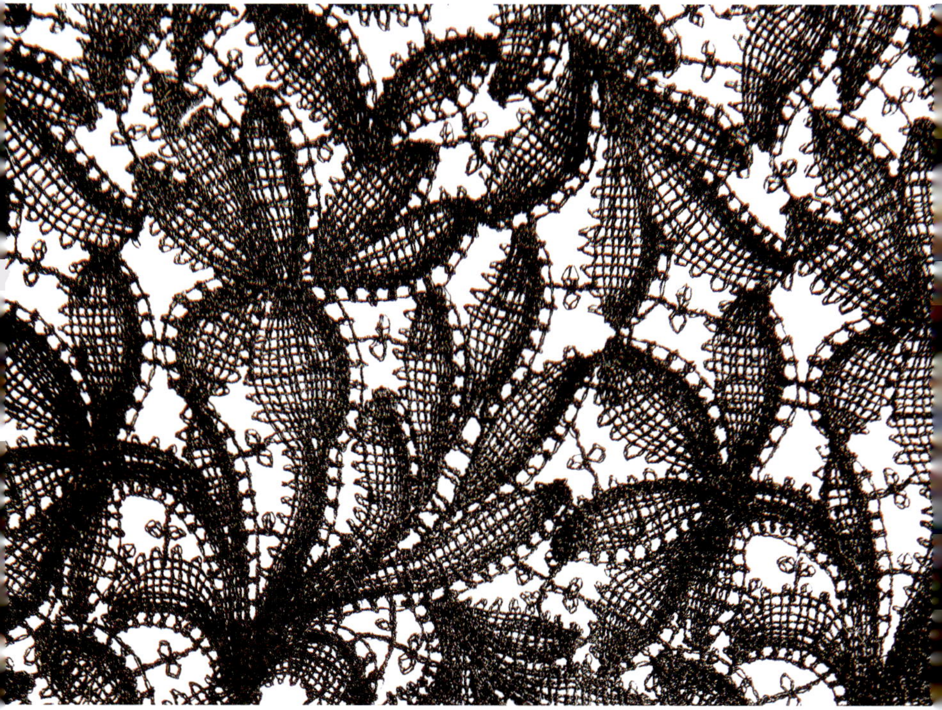

RENDA PARA LINGERIE

Composição: poliamida com elastano. É produzida em teares Raschel, que consiste em um procedimento de tecimento por urdume. Basicamente, este sistema consiste no entrelaçamento de duas superfícies, uma que forma a base da renda e outra que forma o desenho. O rapport (padrão) é criado em formato de tiras que são cortadas após seu tingimento.

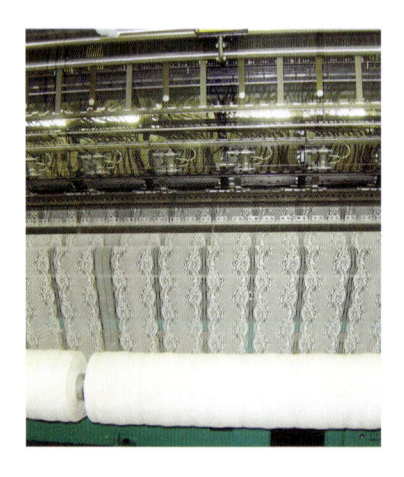

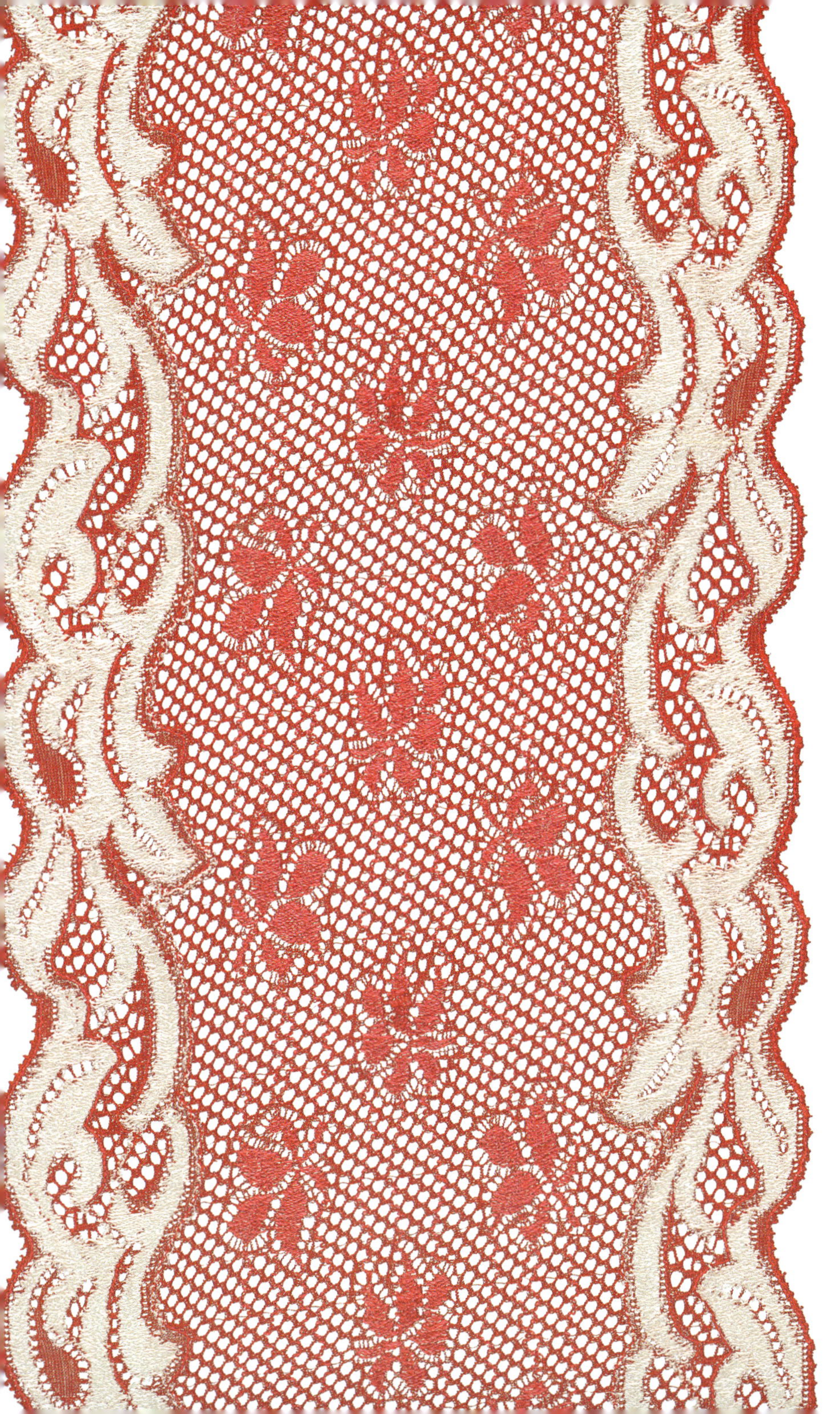

SEDA

Fibra obtida a partir da secreção que forma o casulo do bicho da seda. É a mais fina das fibras naturais. Símbolo de nobreza e luxo, tem alto valor comercial em todo o mundo. Suas principais características são o toque macio, a resistência e o brilho. A seda é comumente encontrada nas bases cetim, georgette, chiffon, tafetá e crepe da china.

Os tecidos ao lado são matérias-primas nobres e muito elegantes, comumente usados na confecção de roupas de festa e, em especial, naquelas que apresentam grandes detalhes e alta sofisticação.

ORGANZA

Tecido fino e transparente, mais encorpado e armado. Tecido puro e simples, cuja tecelagem é feita em ponto de tafetá. Possui acabamento ligeiramente brilhoso e é resistente e muito vistoso.

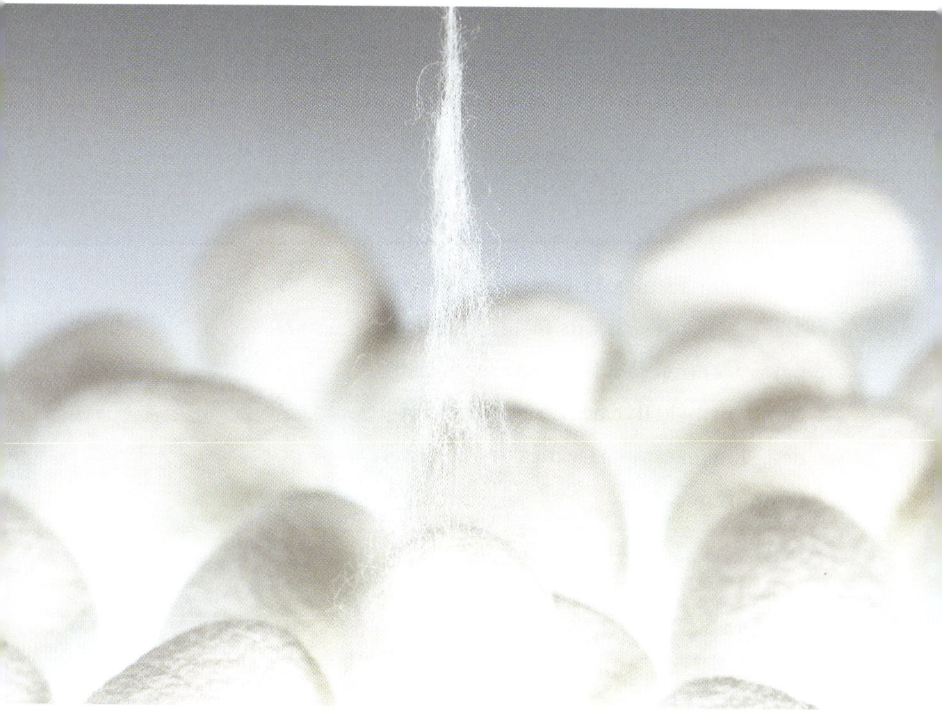

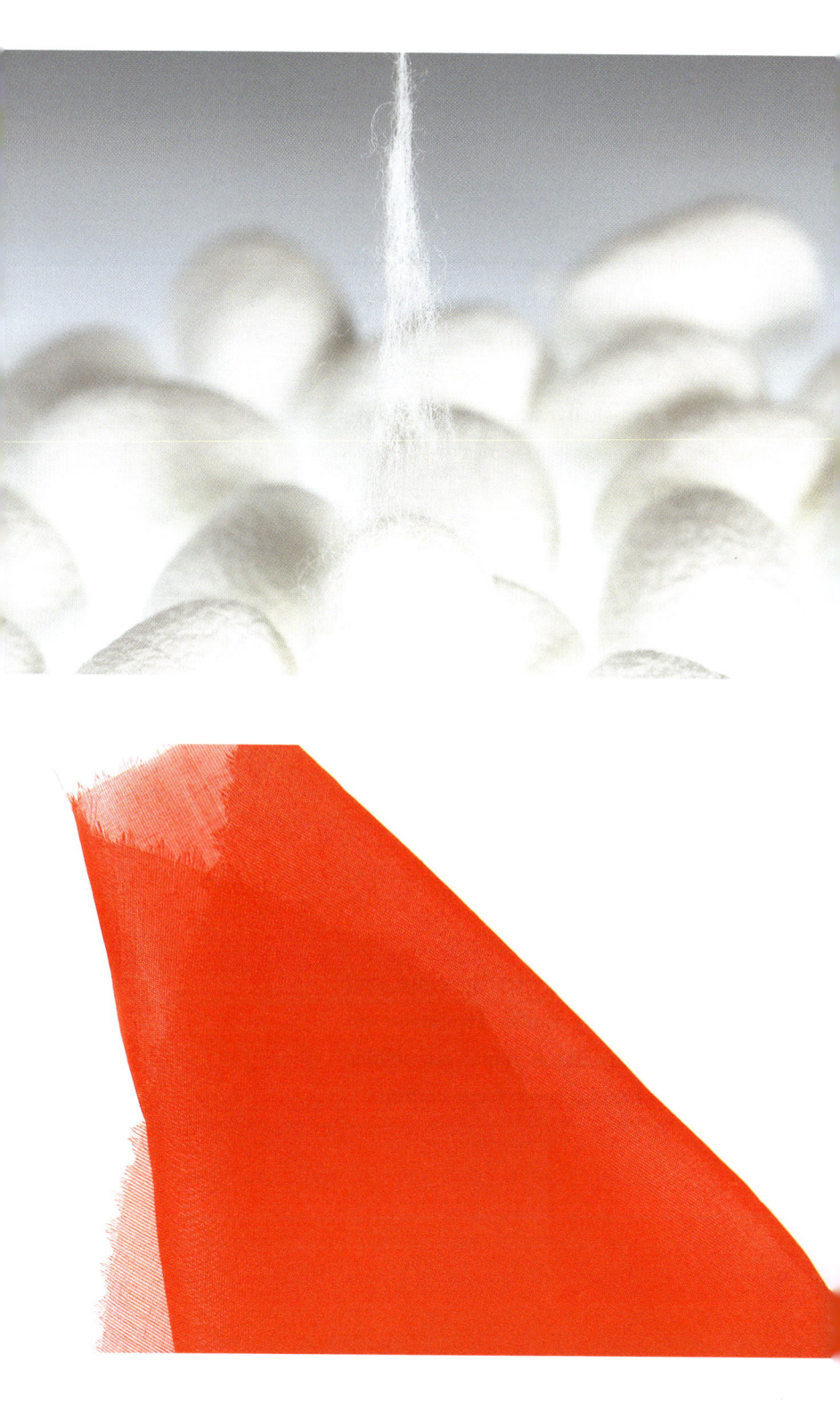

CREPE DA CHINA

Tecido de seda com trama fechada usado em camisaria feminina, vestidos e echarpes. É um tecido clássico para a confecção feminina e possui como principal característica a fluidez. Em estamparia, fica mais contemporâneo.

MUSSELINE

Tecido muito leve e transparente, com toque macio e fluido. Produzido em seda ou algodão. Algumas musselines são conhecidas como crepe chiffon.

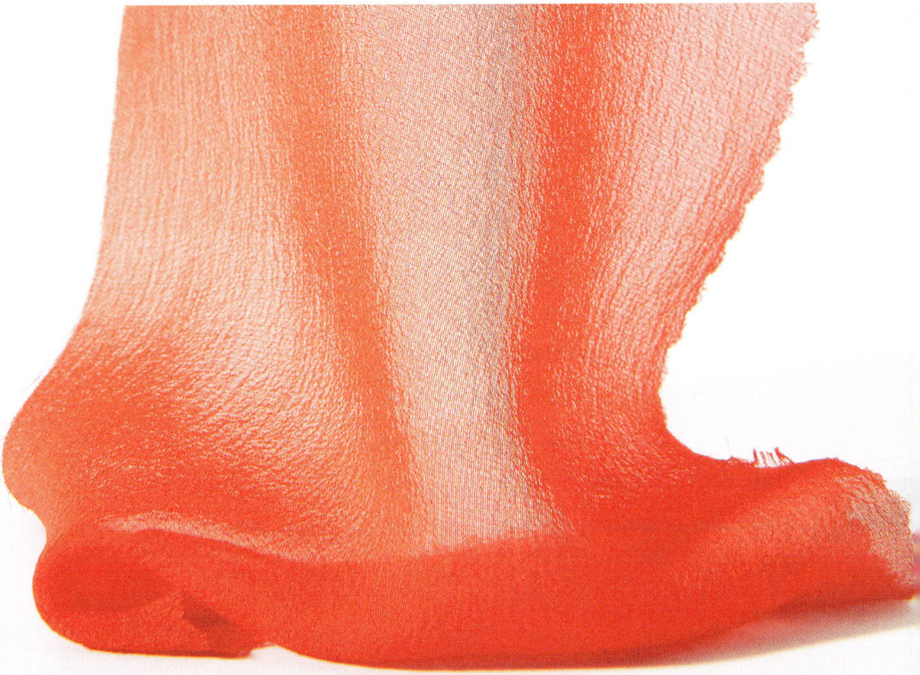

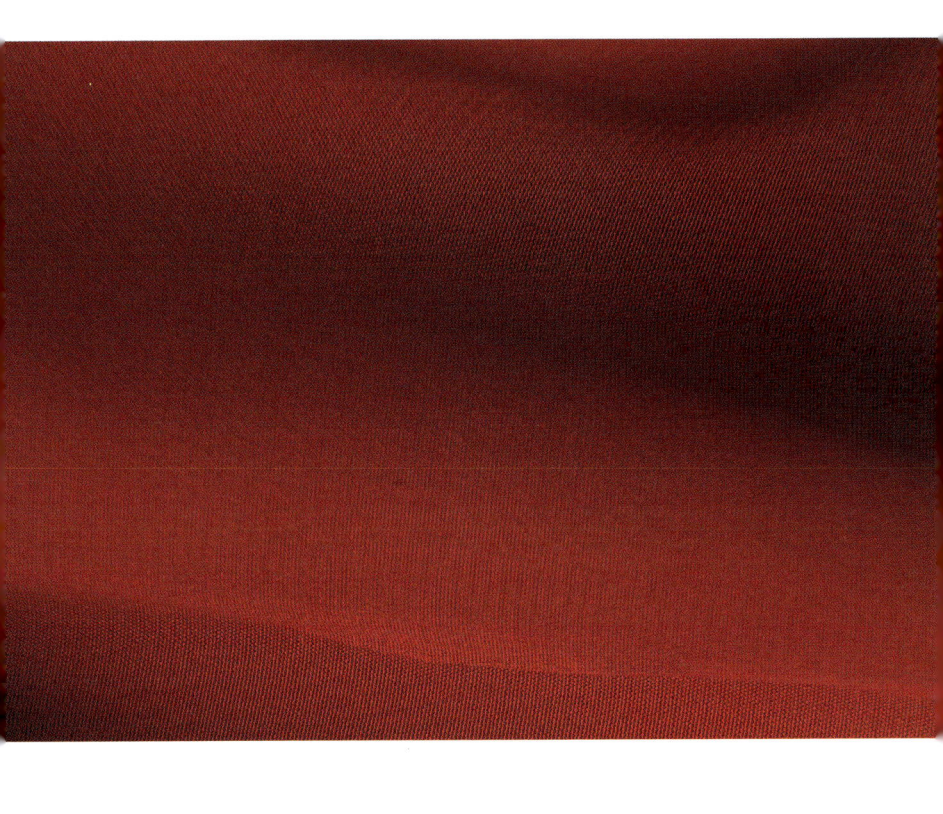

CHIFFON

O nome significa 'trapo' em francês; porém, a alta qualidade deste tecido está muito acima do que nós brasileiros chamamos de trapo. É um tecido muito fino e transparente de seda e tem aspecto encrespado, com grande torção e resistência, e mesmo assim possui muita leveza. É bastante utilizado em vestidos, saias e camisaria. Sua delicadeza requer atenção na lavagem.

SHANTUNG

Tecido com superfície rústica, originada pela diferença de espessura dos fios. Costuma apresentar alguns fios irregulares e possui um lado opaco e outro um pouco mais brilhante. Originalmente, foi produzido em seda, na província de Chang Tung, na China, de onde vem seu nome. É muito usado na confecção feminina, em paletós, vestidos e saias.

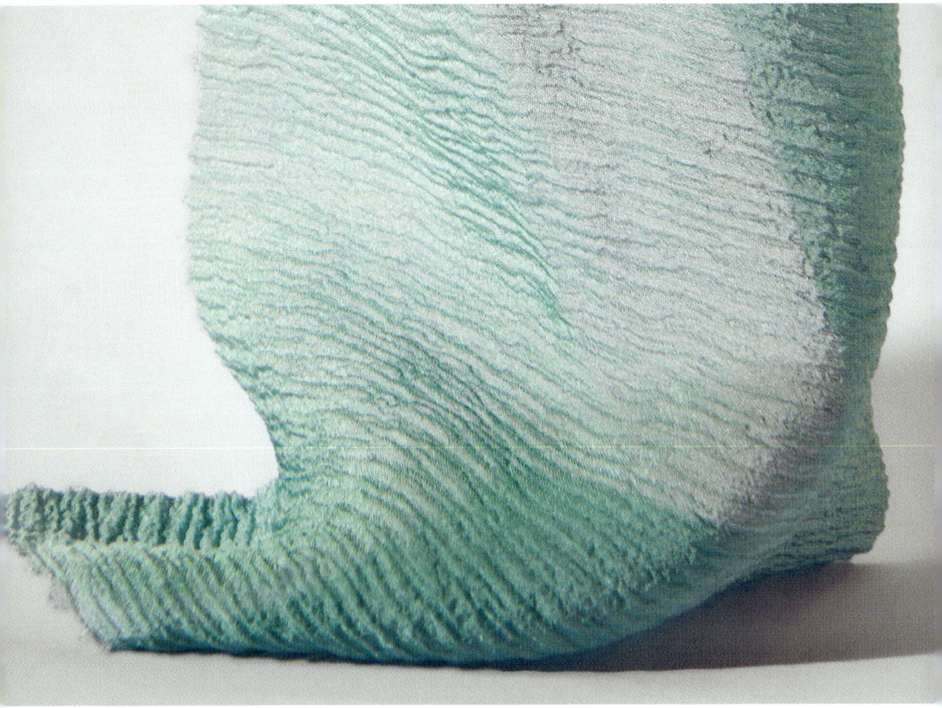

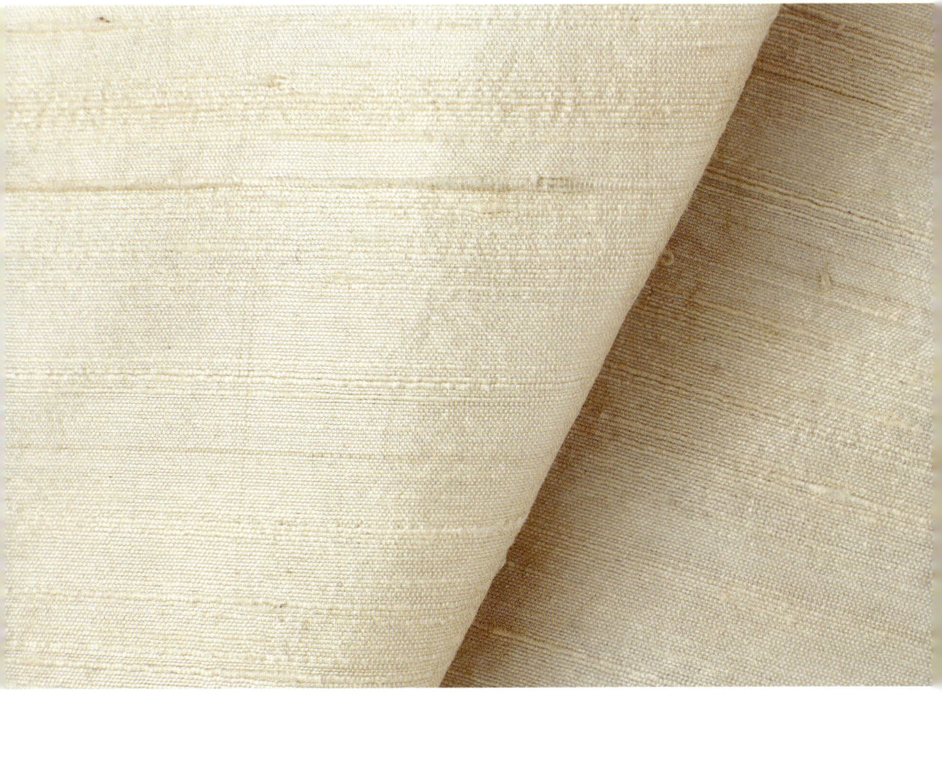

TAFETÁ

O tafetá é um tecido fino e acetinado, feito de seda, lã ou sintéticos. Tem boa resistência e durabilidade. É resistente à abrasão e produtos químicos e aceita facilmente corantes. Sua rigidez depende da forma como é tecido.

Tafetá é uma derivação do persa taftah, que significa tecer, e originou-se na antiga Pérsia (atual Irã) no século XVI. Depois de algum tempo, passou a ser feito de seda ou de linho. Costuma ser um tecido de luxo usado por mulheres ricas, mas também pode ser fabricado em peças casuais (jaquetas, calças five pockets etc.).

CREPE ROMAIN

Tecido de seda, originário da Itália, mais encorpado e fechado que o crepe georgette. É aplicado em peças elaboradas e modela-se facilmente e com excelente caimento. Utilizado em vestidos de festa.

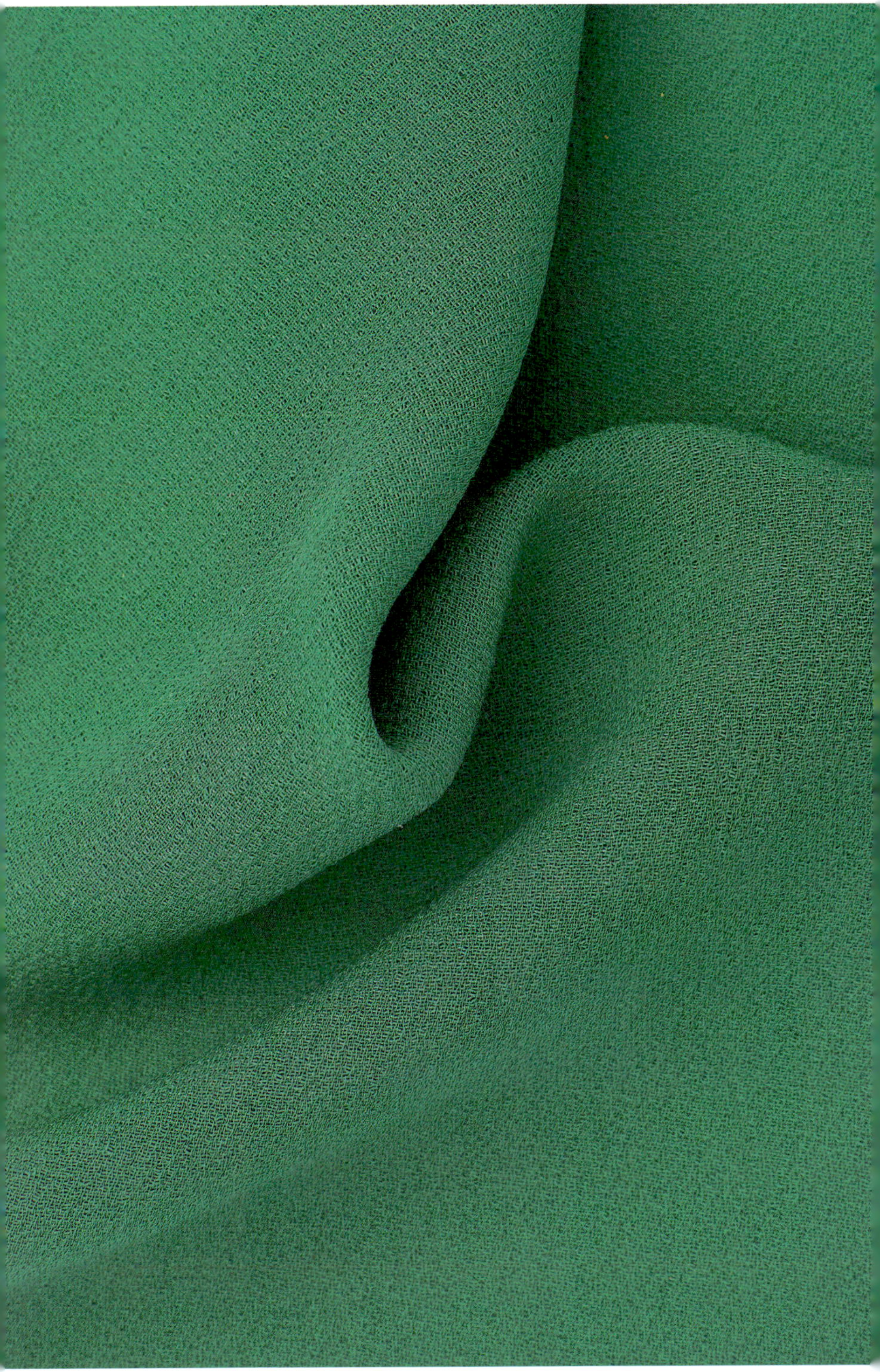

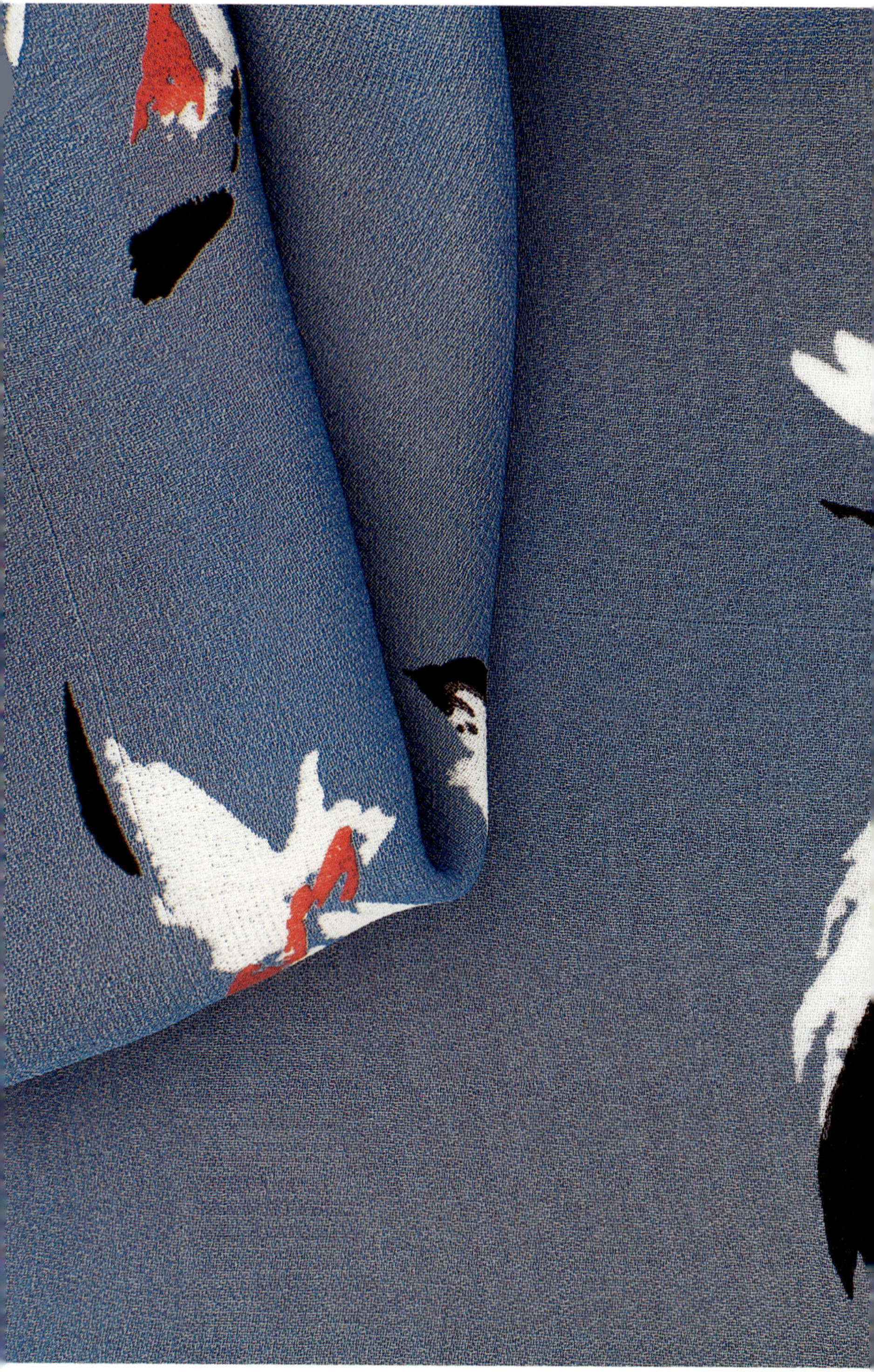

GEORGETTE

Tecido cuja matéria-prima é a seda. Trata-se de uma musseline mais fechada. Embora muito fino, o georgette é forte e bastante resistente.

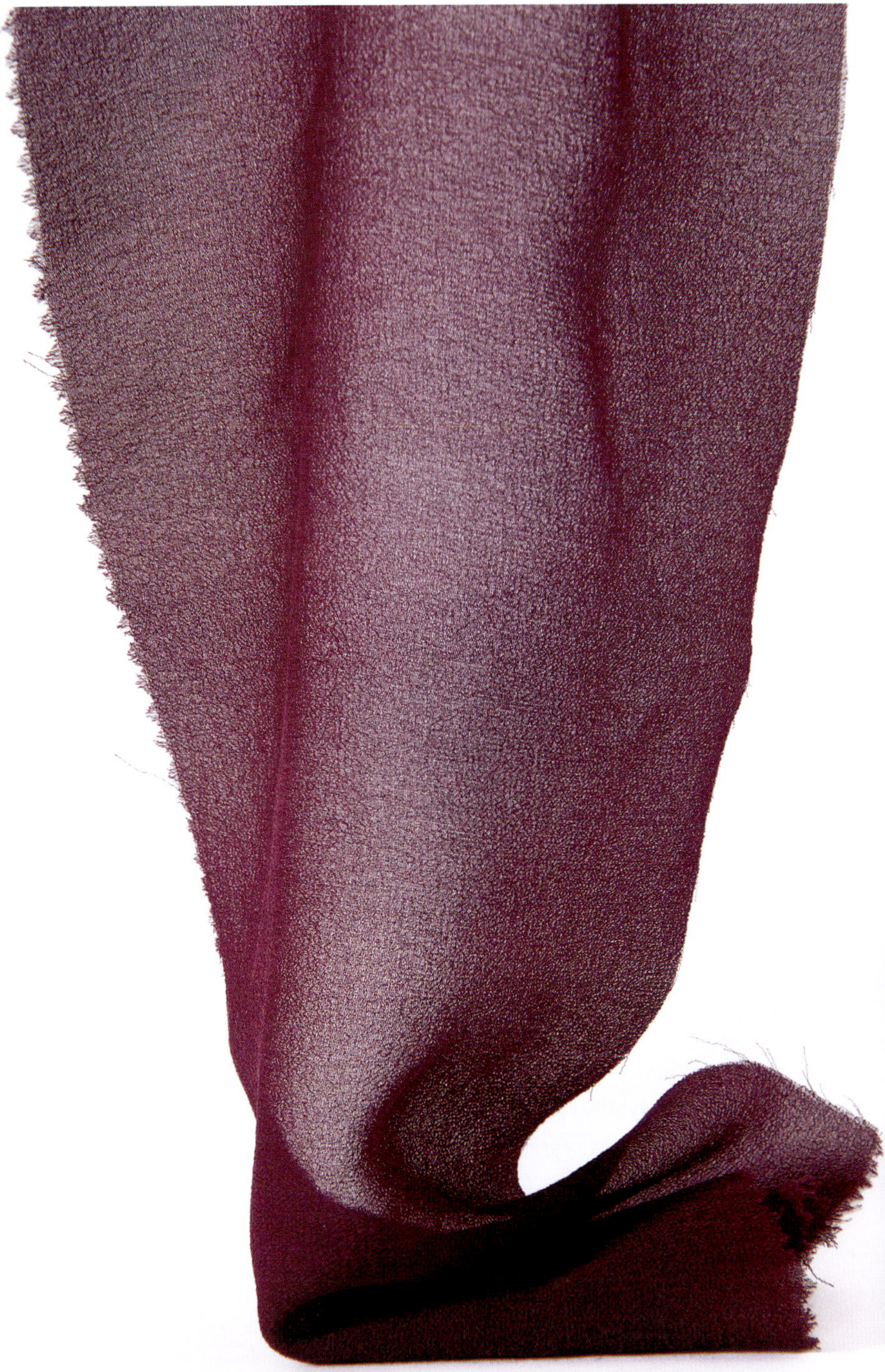

CETIM DE SEDA

O cetim de seda é um tecido mais pesado, brilhante e encorpado.

CETIM DUCHESS

Cetim firme, encorpado, estruturado e com brilho intenso. Destinado à alta costura, especialmente para vestidos de noivas ou peças estruturadas.

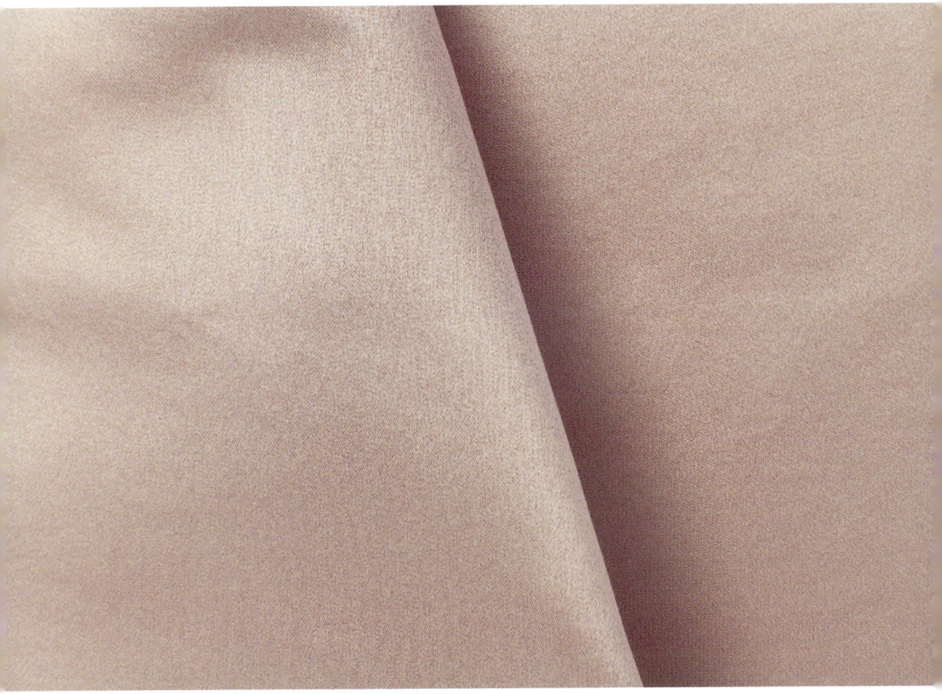

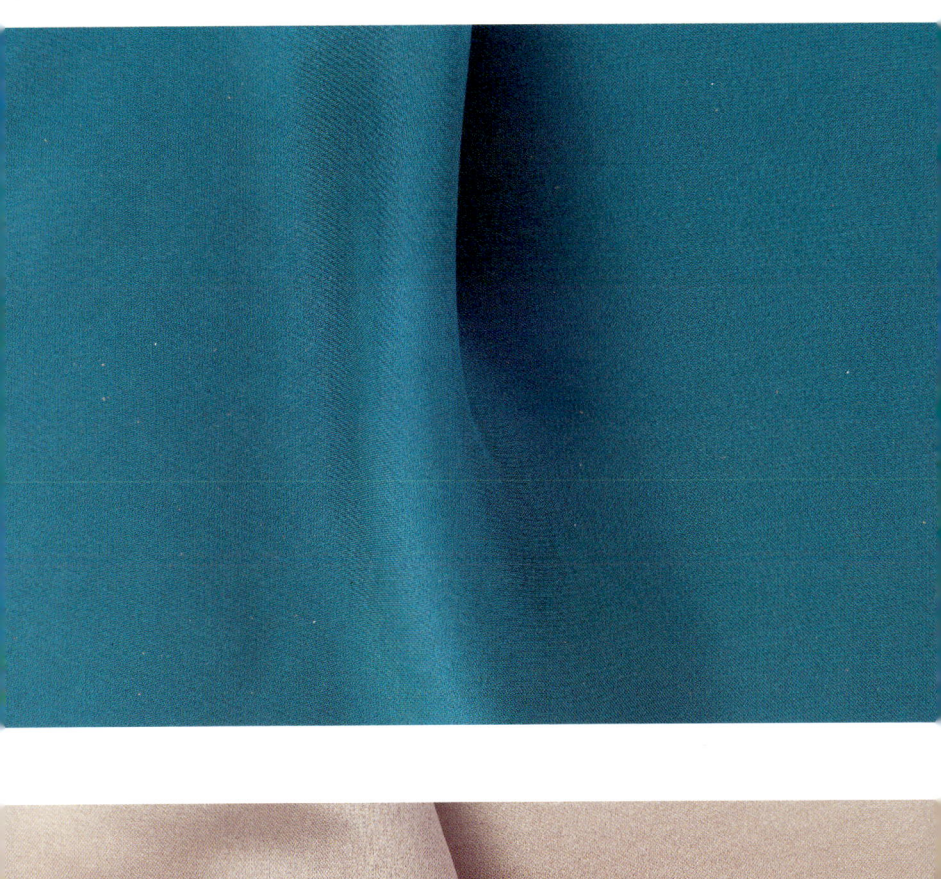

CETIM COM ELASTANO

Este cetim pode ser proveniente de diversas matérias-primas, e os mais conhecidos são os brilhantes. Acrescentado ao elastano, obtém-se um aspecto mais contemporâneo e confortável. Pelo fato de ser encorpado, é ideal para a confecção de qualquer peça sofisticada. As roupas produzidas com o cetim com elastano normalmente ficam justas no corpo, tornando a silhueta sexy e acentuando uma sensualidade velada.

GEORGETTE ESTAMPADO ACETINADO

Este tecido georgette possui as mesmas características que o georgette tradicional, a diferença está nas estampas.

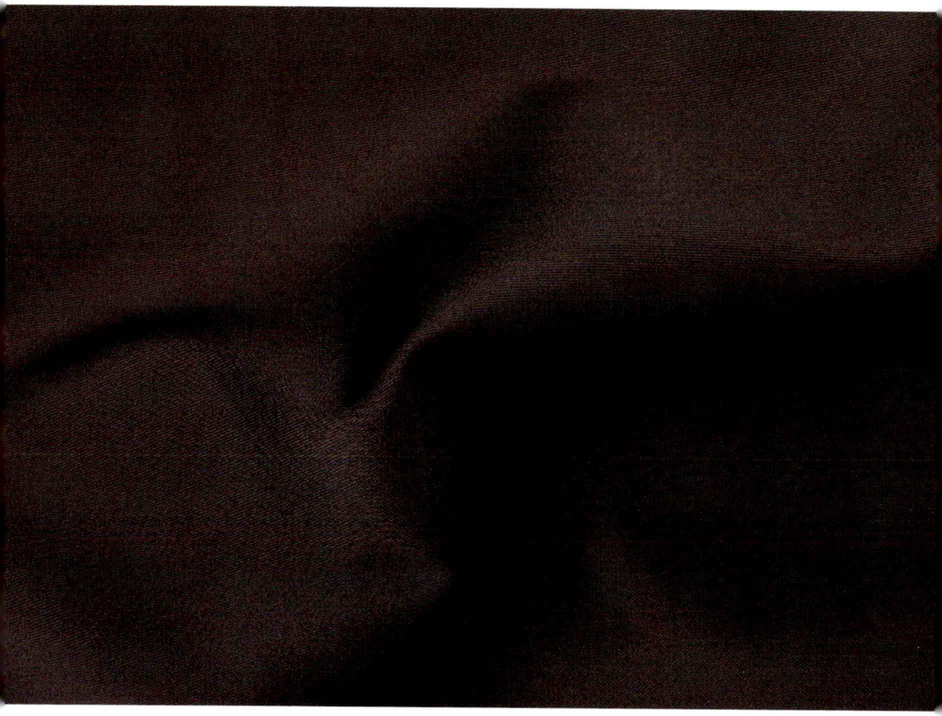

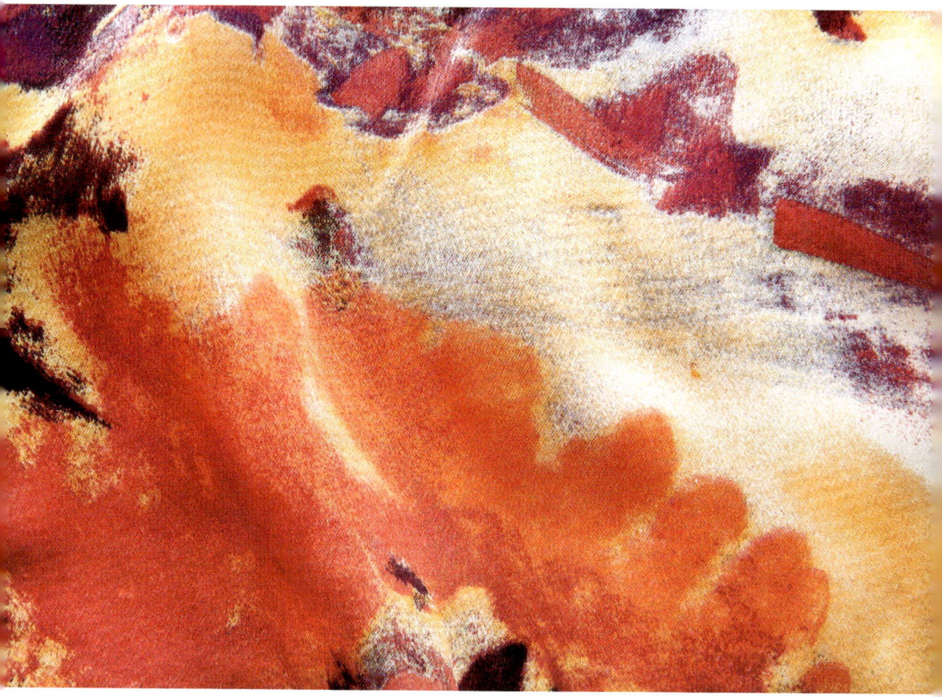

BROCADO

Seda mais rica e com desenhos em relevo realçados por fios de ouro ou prata. Também pode ser utilizado na produção de acessórios espetaculares.

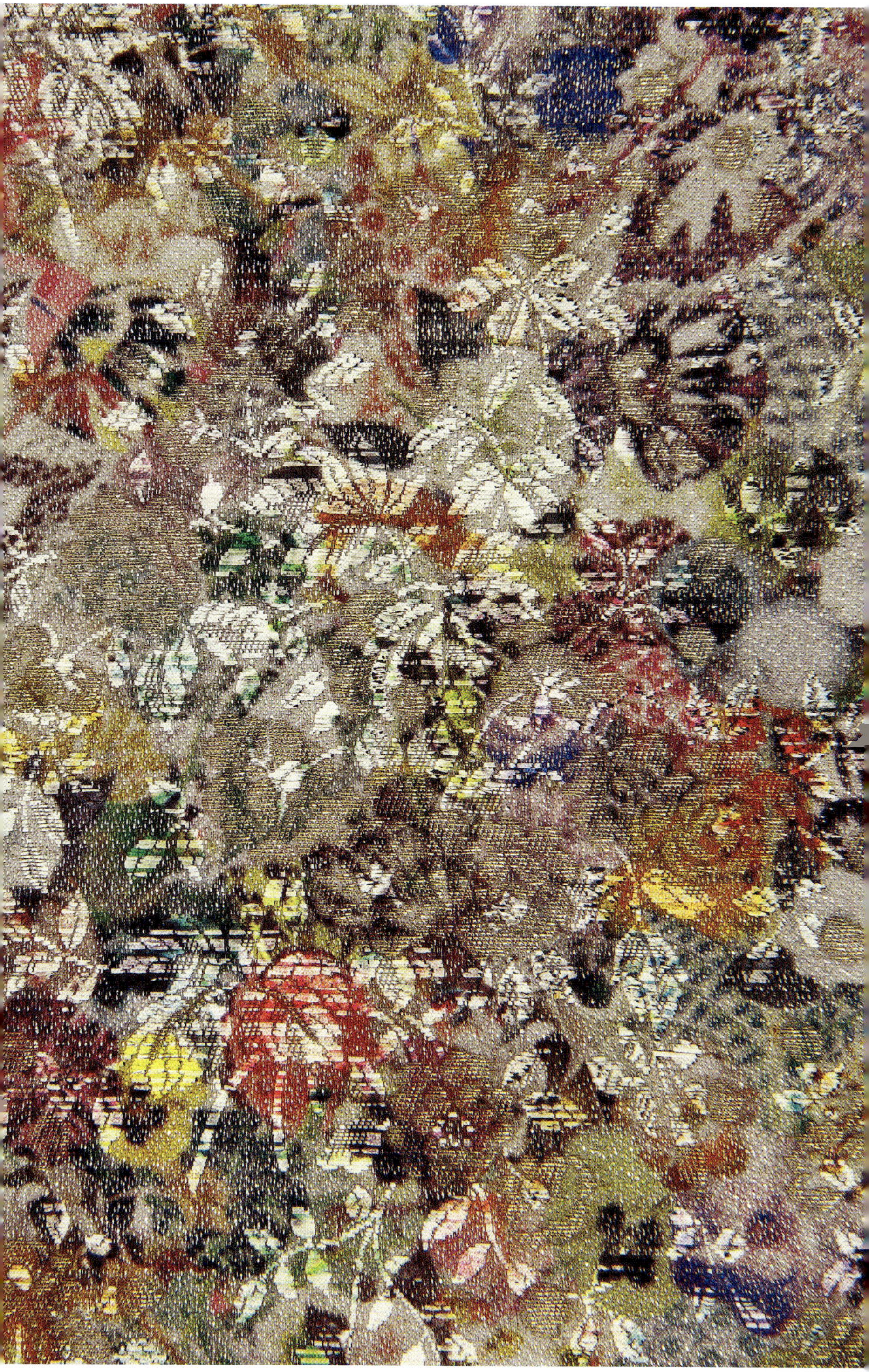

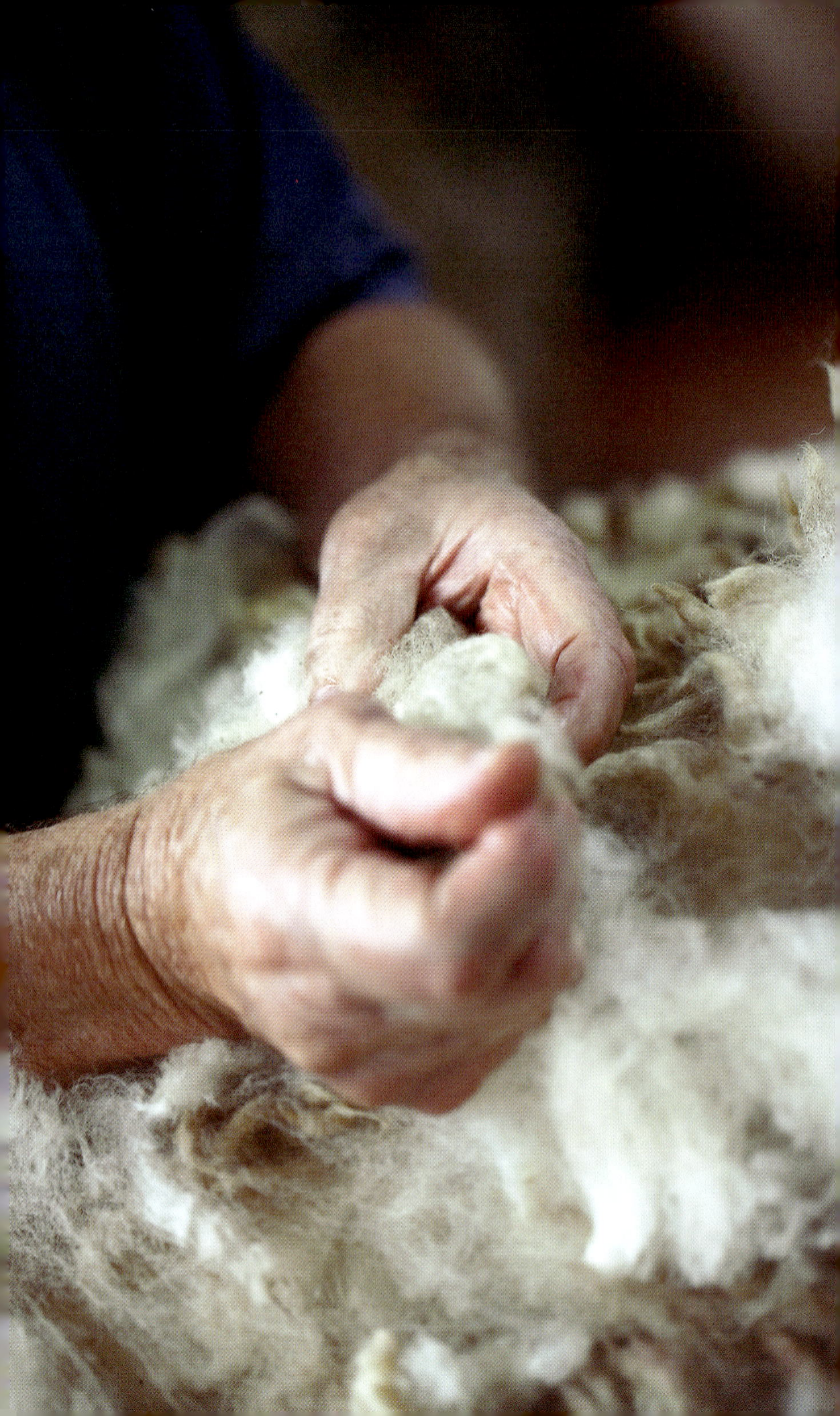

TECIDOS DE LÃ

A lã é derivada do pelo animal que, depois de tosquiado, é processado industrialmente para usos têxteis, após sua limpeza e coloração.

O tecido feito de lã serve como isolante térmico, não esquenta tanto sob o sol (mantém a temperatura do corpo em média cinco a oito graus mais baixa em comparação com tecidos sintéticos expostos ao sol), 'respira' no corpo e é naturalmente elástico, portanto, mais confortável e não amassa.

LÃS MERINO, CASHMERE E MOHAIR

Essas lãs são consideradas as mais refinadas, leves e sedosas, e são muito procuradas pelo fato de não 'pinicarem' o corpo de quem as veste.

Origem: as cabras Merino, Cashmere e Mohair são encontradas na Nova Zelândia, no Tibete e na Mongólia.

ALPACA

A lã de alpaca possui o mesmo refinamento que as lãs anteriores. A alpaca é um animal encontrado na América do Sul, especialmente no Chile, na Bolívia e no Peru.

Seu pelo é semelhante ao do camelo, porém mais áspero, e suas fibras são melhores do que as da lhama. O comprimento do seu pelo varia de oito a vinte centímetros, mas o pelo fundamental tem entre oito e doze centímetros, é fino, macio, com pouca ondulação e brilho sedoso. O crescimento da fibra anual varia de nove a doze centímetros. Sua lã é normalmente utilizada em tricô, conhecido pelo nome de baby alpaca.

CABRA ANGORÁ MOHAIR

O pelo de cabra angorá, ou cabra mohair (mo = cabra, hair = cabelo) oferece fibras de altíssima qualidade, especialmente quando obtidas das cabras ainda jovens, pois, a partir do oitavo ano, passam a ser mais grossas e rústicas. Em geral, é misturado, em trama frouxa, a algodão, seda ou lã, para obter uma textura de penugem. É muito utilizada na confecção de tecidos leves como tricôs e costumes masculinos, e sempre com um toque agradável.

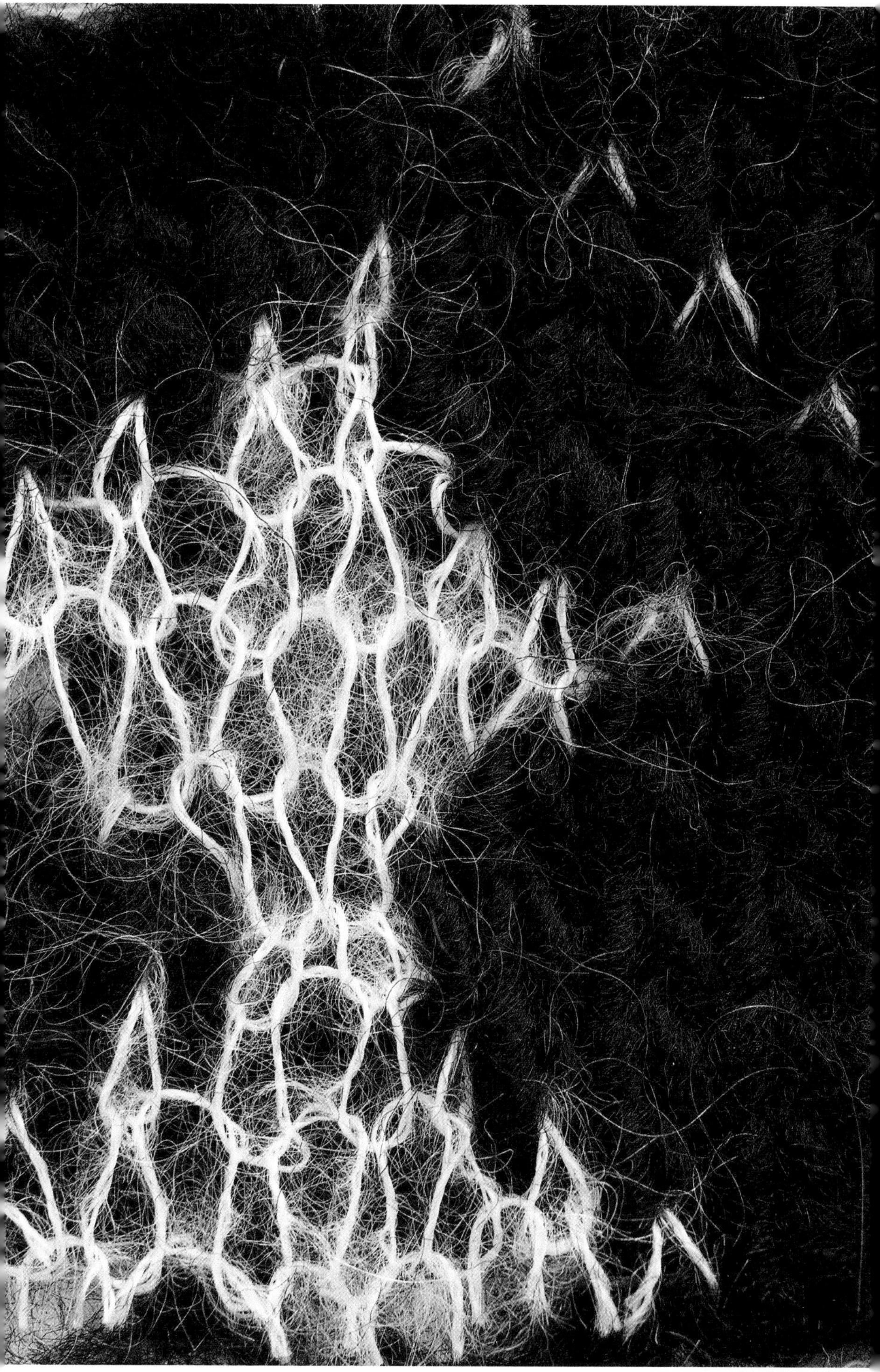

CASHMERE

Mundialmente reconhecido como uma das fibras mais preciosas do mundo, o cashmere mais fino provém da Mongólia, na República da China, e Loro Piana é seu comprador mais importante. Com profundo conhecimento da tradição tecnológica têxtil, Loro Piana é o principal produtor mundial de cashmere de qualidade superior.

Tecido feito com os pelos da cabra originaria do Tibete. O fio de lã de cashmere é muito macio e quente e é usado na malharia e em tecidos planos, sendo reconhecido mundialmente como uma das fibras mais nobres.

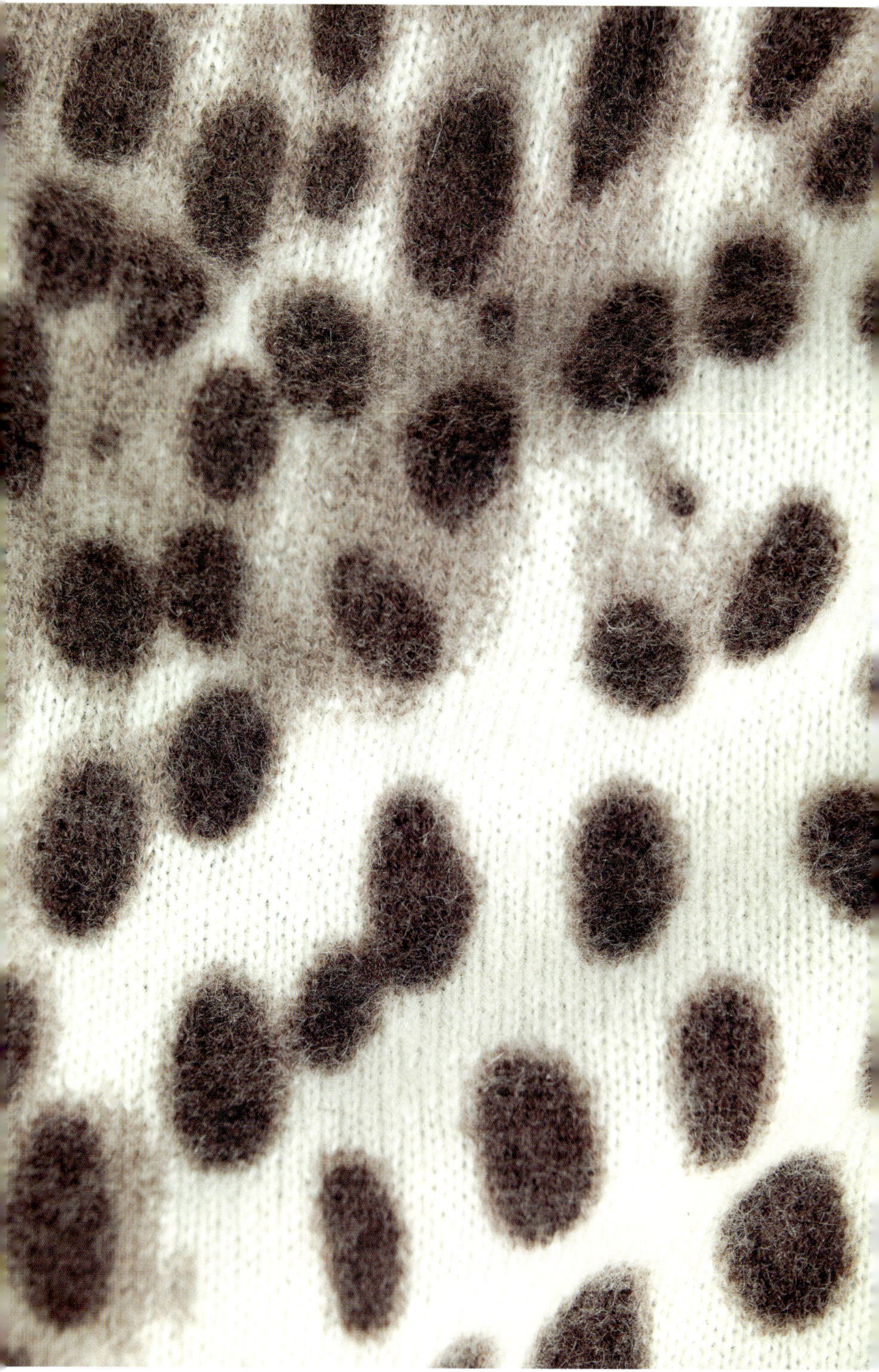

PASSO A PASSO DO PROCESSO DA CONFECÇÃO DA LÃ CASHMERE DA FIBRA AO TECIDO

- A fibra do cashmere revela como o animal pode se proteger das rigorosas temperaturas da Mongólia interior. A subtosa é composta por um complicado enredo de fibras excepcionalmente finas que minimiza a dispersão do calor e proporciona extrema leveza.
- Nos sofisticados laboratórios da Loro Piana, em Hong Kong e Pequim, cada lote de cashmere é submetido a um rigoroso exame antes de ser adquirido. Dado que todas as fibras apresentam certa quantidade de impurezas naturais, a lã é limpa antes de começar o processo de produção e, depois da lavagem, o processo de cardagem produz uma sutil fita de fibras homogêneas e paralelas.
- A cardagem prepara as fibras para serem transformadas em fio. A fiação é o processo fundamental, que literalmente torce a fita de fibras, transformando-a em fio.
- Cada tecido é composto de fios verticais e horizontais, segundo uma construção específica.
- Os fios verticais no tear são chamados de urdume e, os horizontais, trama. Nessa fase, que representa o primeiro controle de qualidade do processo de confecção, o tecido é meticulosamente examinado. Como ele ainda está inacabado, diz-se que está cru (as fotos ao lado mostram a diferença substancial entre o tecido cru e o acabado.
- Em seguida, os tecidos crus são enviados aos pontos de revisão, nos quais as imperfeições previamente notadas são reparadas a mão.
- No próximo passo, os tecidos estão prontos para o acabamento e começam a ser apisoados de modo a permitir um restringimento que os torna mais compactos. Sucessivamente, os tecidos são enrolados e enviados às tinturarias e, finalmente, passam à revisão final, onde os defeitos restantes são eliminados manualmente por operárias especializadas.
- Loro Piana aplica diversos processos diferentes de acabamento meticuloso, entre os quais há um especial para o cashmere.
- O beaver finish dá uma direção às fibras, que ficam na memória do tecido e evitam seu deterioramento pelo uso.

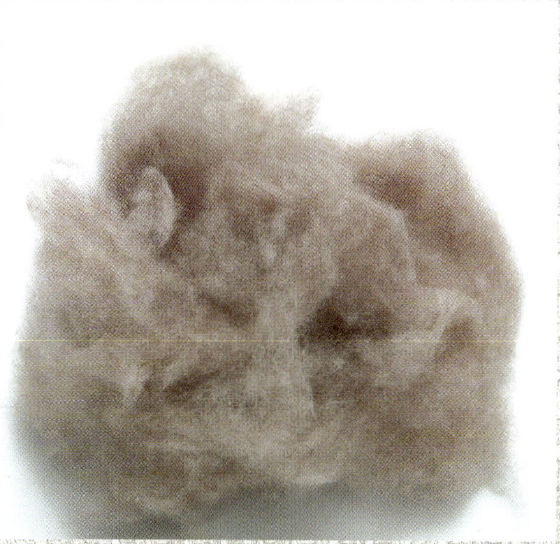

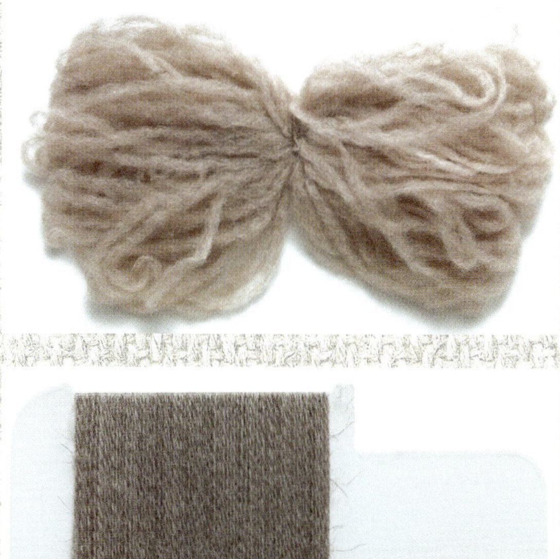

Ing. Loro Piana & C.
100% CASHMERE
FABRIC MADE IN ITALY

LÃ MERINO

A lã Merino é muito macia, confortável, respirável e impermeável. É das melhores fibras naturais e é especialmente importante porque auxilia na regulação da temperatura corporal. Absorvente, as fibras naturais dessa lã ajudam a manter a pele delicada e seca. Na estação fria, as inúmeras bolsas de ar entre as fibras da lã frisada ajudam a reter o calor do corpo e permitem que o ar quente circule livremente junto à pele. É excelente para todas as estações do ano, pois adapta-se às oscilações da temperatura e regula a temperatura corporal. Como esta lã é naturalmente antibacteriana, não necessita ser lavada com frequência como outras peças do vestuário, basta arejar para ser novamente usada.

LÃ FRIA

A lã não deve ser vista como tecido ideal para o inverno, pois ela é naturalmente fresca e adequada para temperaturas mais altas. Os beduínos do deserto usam caftãs feitos de pura lã, que garantem a proteção do calor e favorecem a transpiração natural. O segredo está na espessura: quanto mais fina, mais versátil, independentemente da estação do ano.

A espessura dos fios da lã – os mais finos são os australianos – é medida em micras. A lã fria começa em 100 micras e pode chegar a até 160. O padrão de 120 micras é o mais utilizado em roupas de qualidade para homens e mulheres.

Ing. Loro Piana & C.
Super 110'S
LIGHT DREAM®
FABRIC MADE IN ITALY

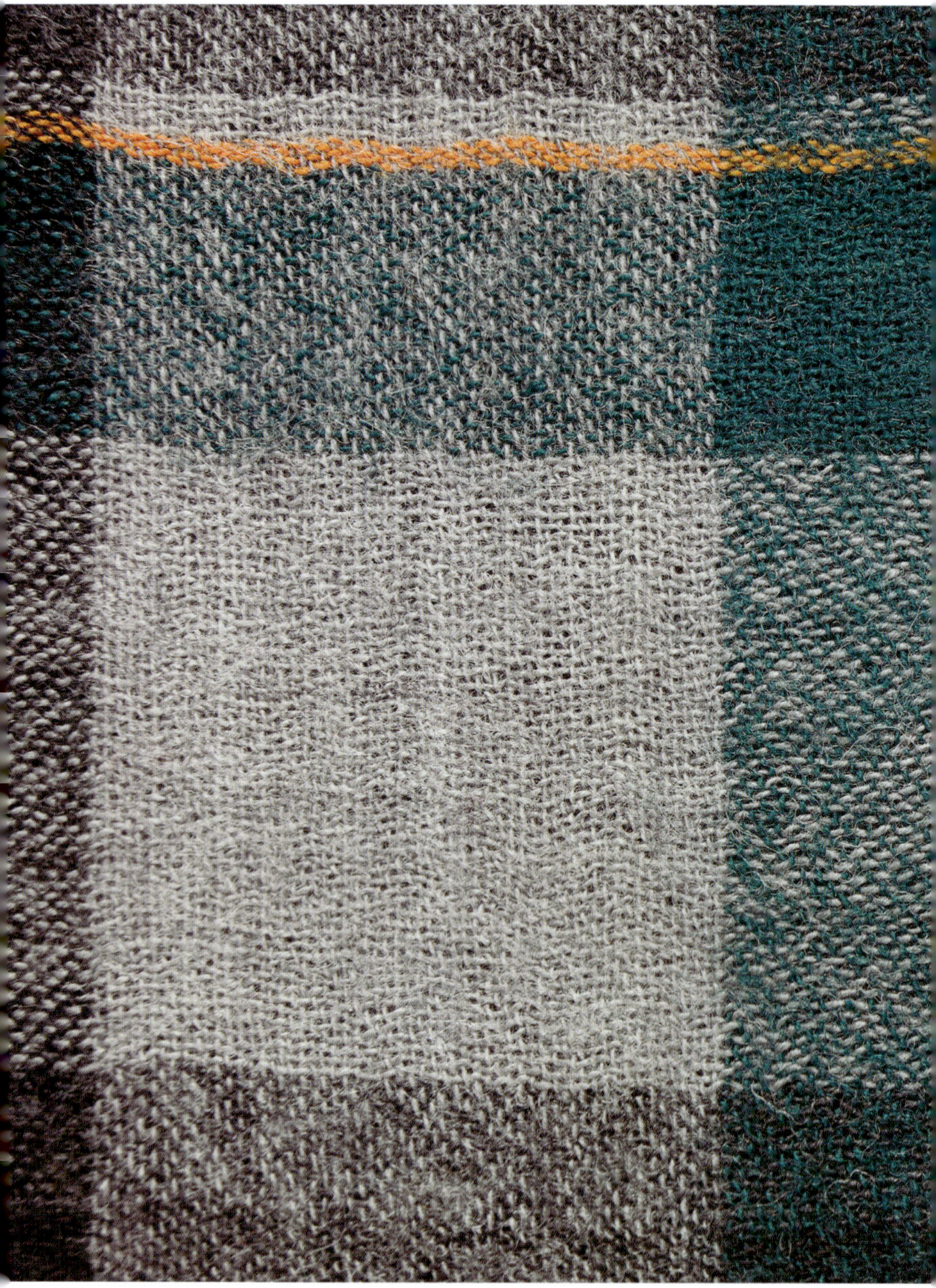

PADRONAGEM

TWEED

O clássico tweed, um dos ícones de Coco Chanel, é um tecido de lã grosso e rústico, cujos fios da trama representam uma fantasia do tipo boutonné com efeito multicolorido. É usado principalmente na confecção de paletós, mantôs e vestidos de inverno.

BUCLÊ

O buclê é um tecido com efeito fantasia de laçadas, resultando numa textura crespa. É produzido com o fio fantasia de mesmo nome, uma espécie de fio retorcido no qual aparecem laçadas e nós que resultam em uma textura crespa. O nome provém do verbo francês boucler, que significa encaracolar.

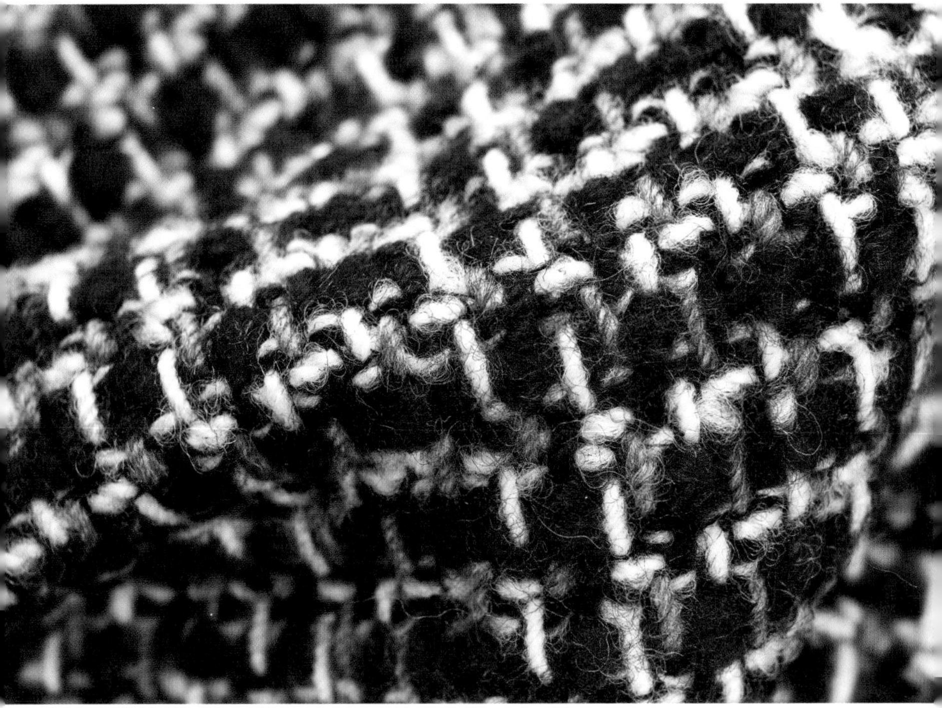

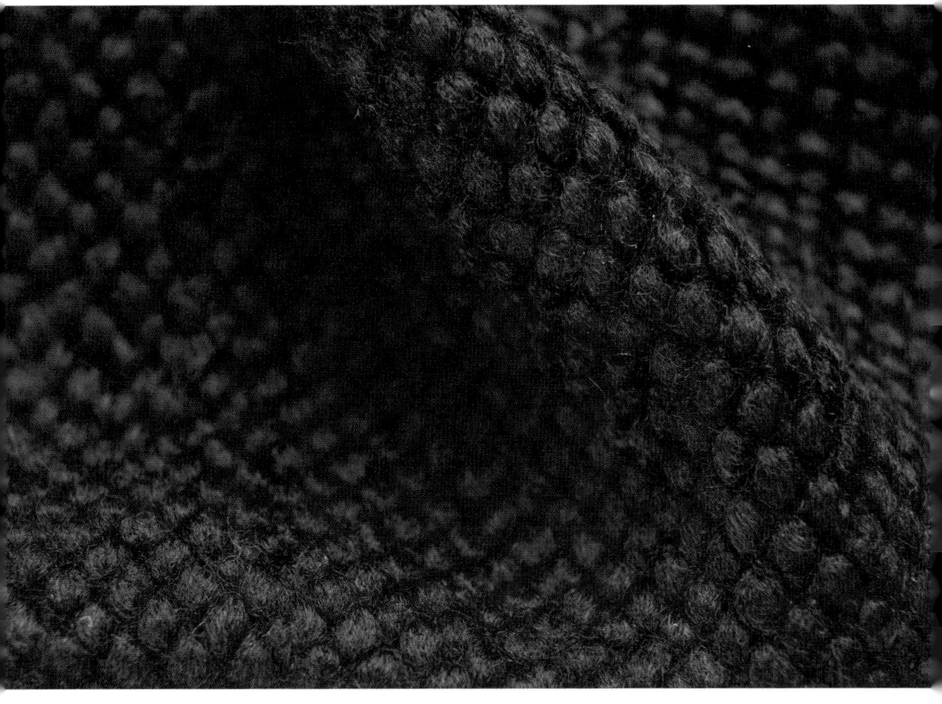

ESPINHA DE PEIXE

O padrão espinha de peixe é obtido na tecelagem por meio de um tipo de armação derivada da sarja, ou, como é mais conhecida, sarja interrompida. Essa armação resulta em um efeito de várias letras em V, formando um ziguezague semelhante ao das espinhas de peixe.

PIED-DE-COQ

Inspirada também em outra expressão francesa, que significa pé-de-galo, esta estampa apresenta o mesmo desenho que o pied-de-poule, porém com uma disposição maior.

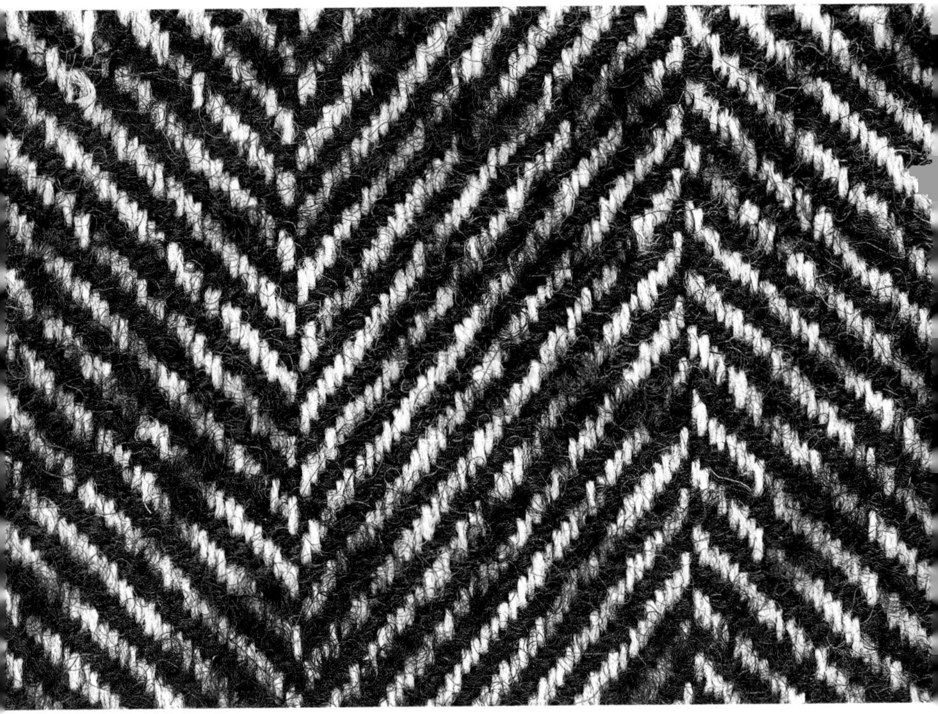

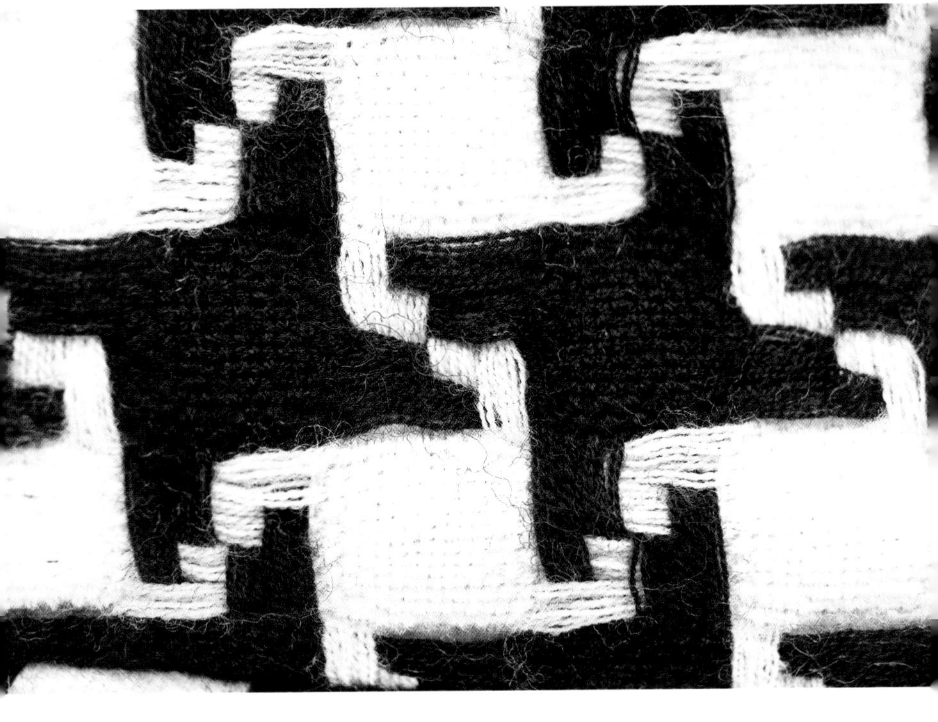

PIED-DE-POULE

Trata-se de uma estampa que, nos últimos anos, voltou a ser um dos hits das estações finas (outono e inverno). Pied-de-poule, em francês, significa pé-de-galinha, e o tecido existe desde o século XIX, inspirado no padrão enxadrezado. Alguns até o consideram um 'estilo' de xadrez, porém com os quadrados mais separados. A princípio, era encontrado no vestuário masculino, mas logo o público feminino também passou a utilizá-lo, graças, mais uma vez, à famosa estilista Gabrielle Coco Chanel.

PRÍNCIPE DE GALES

Tecido com grandes quadrados em um fundo de cores misturadas, obtido por um urdume e uma trama compostos de fios de várias cores.

OLHO-DE-PERDIZ

É um tipo de tweed mais plano. Considerado outro clássico dos tecidos, o olho-de-perdiz possui este nome por apresentar um desenho que se assemelha ao olho da ave do mesmo nome. Geralmente aparece nos tons de cinza e azul. É mais discreto que os padrões listrados.

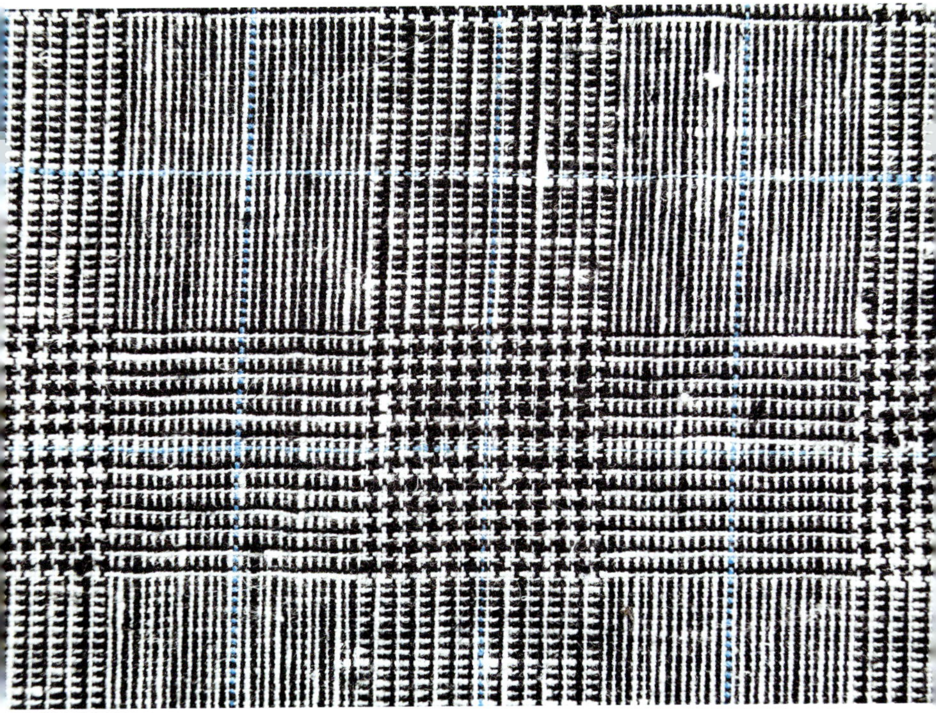

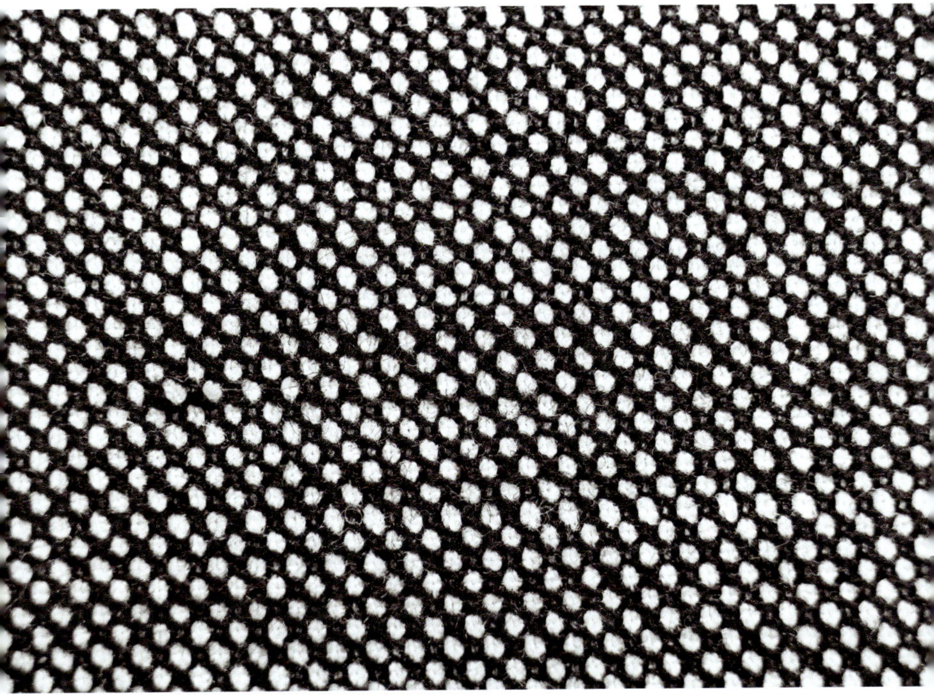

RISCA-DE-GIZ

Como o próprio nome diz, riscas brancas sobre um fundo escuro, em geral marinho, cinza ou preto. Um clássico para qualquer ocasião, era o tecido favorito do famoso chefe da máfia Al Capone.

MADRAS

Tecido originário da cidade de Madras, na Índia, muito leve e em puro algodão, linho ou lã.

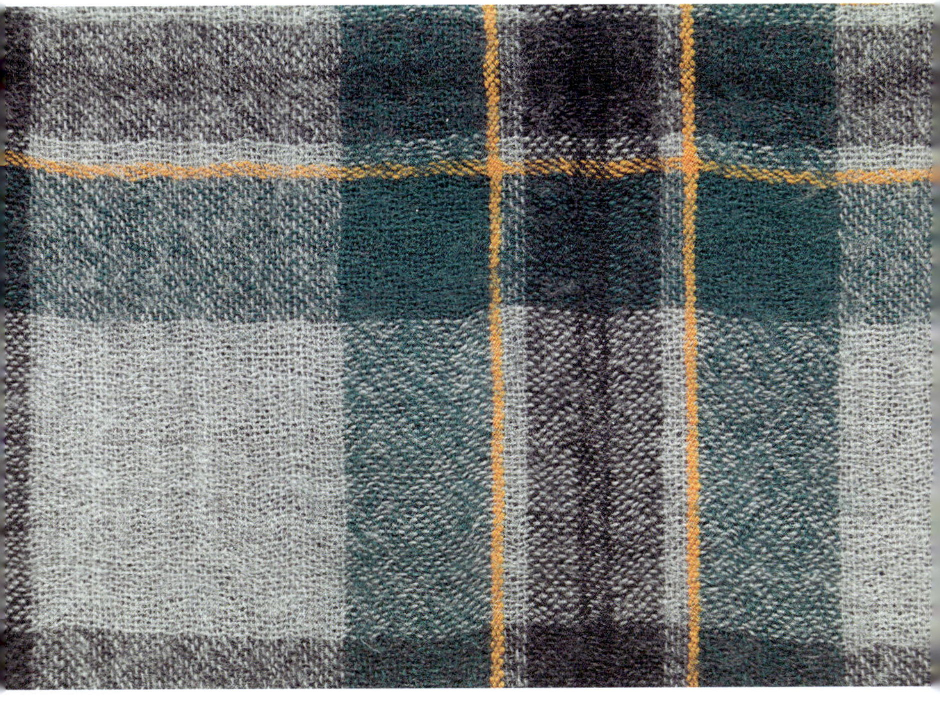

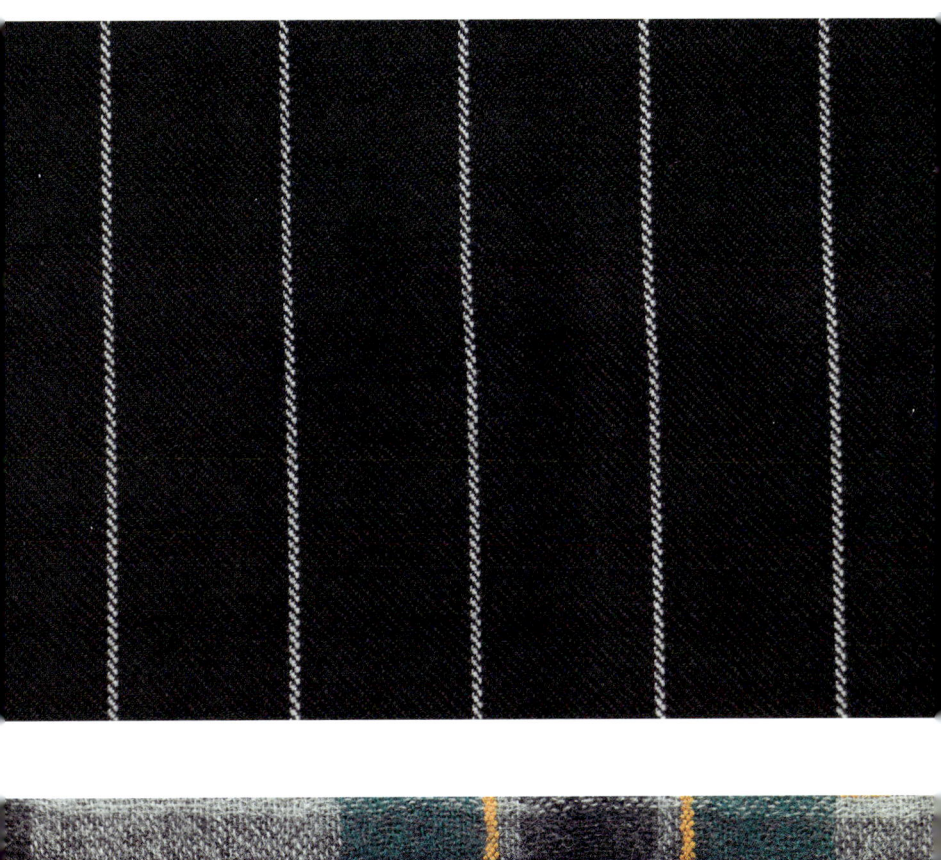

LÃ FRIA

Atemporal tanto para o guarda-roupa masculino quanto para o feminino. Devido à sua simplicidade, é eternamente chique.

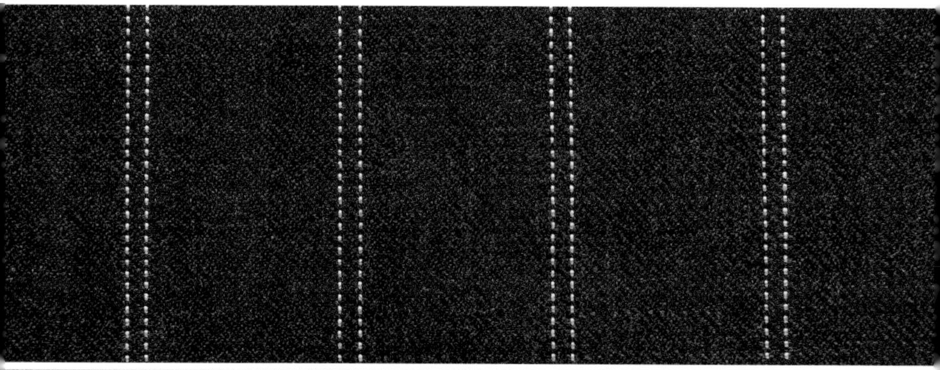

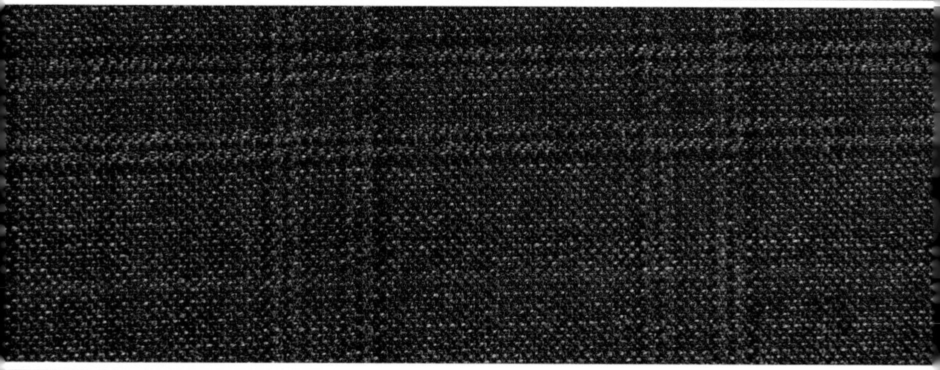

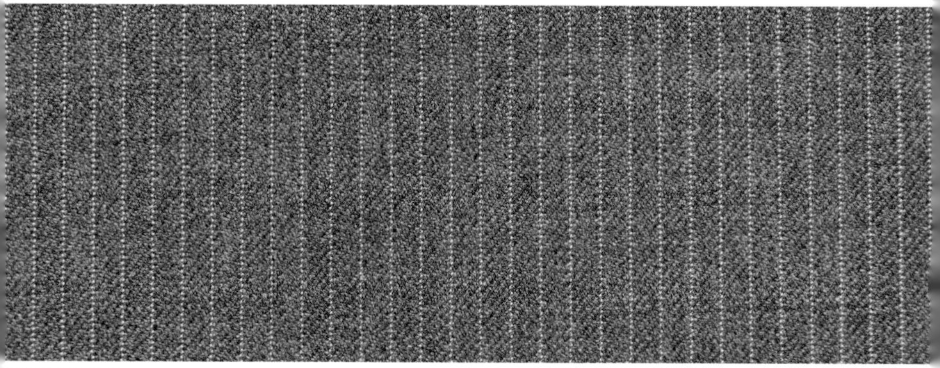

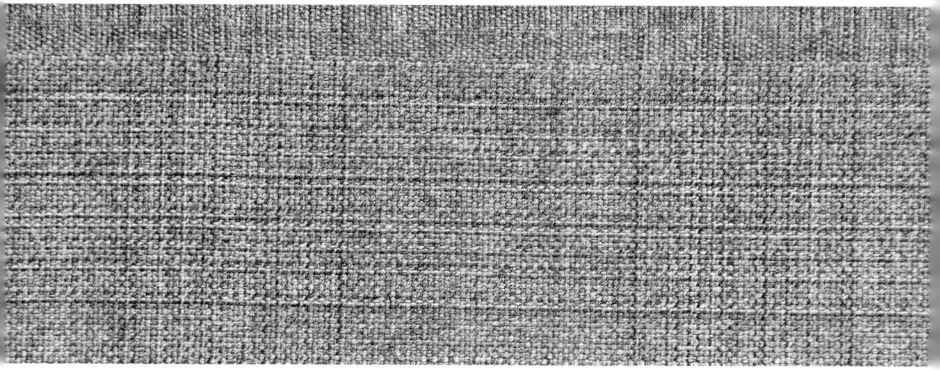

LINHO

Fibra natural de origem vegetal procedente do talo do linho, tem como principal característica o aspecto rústico, natural de sua fibra. Quando combinado com a a viscose, torna-se bastante favorável ao processo de tingimento. Suas principais características são o toque gelado e amarrotamento descontraído.

Campo de linho em flor

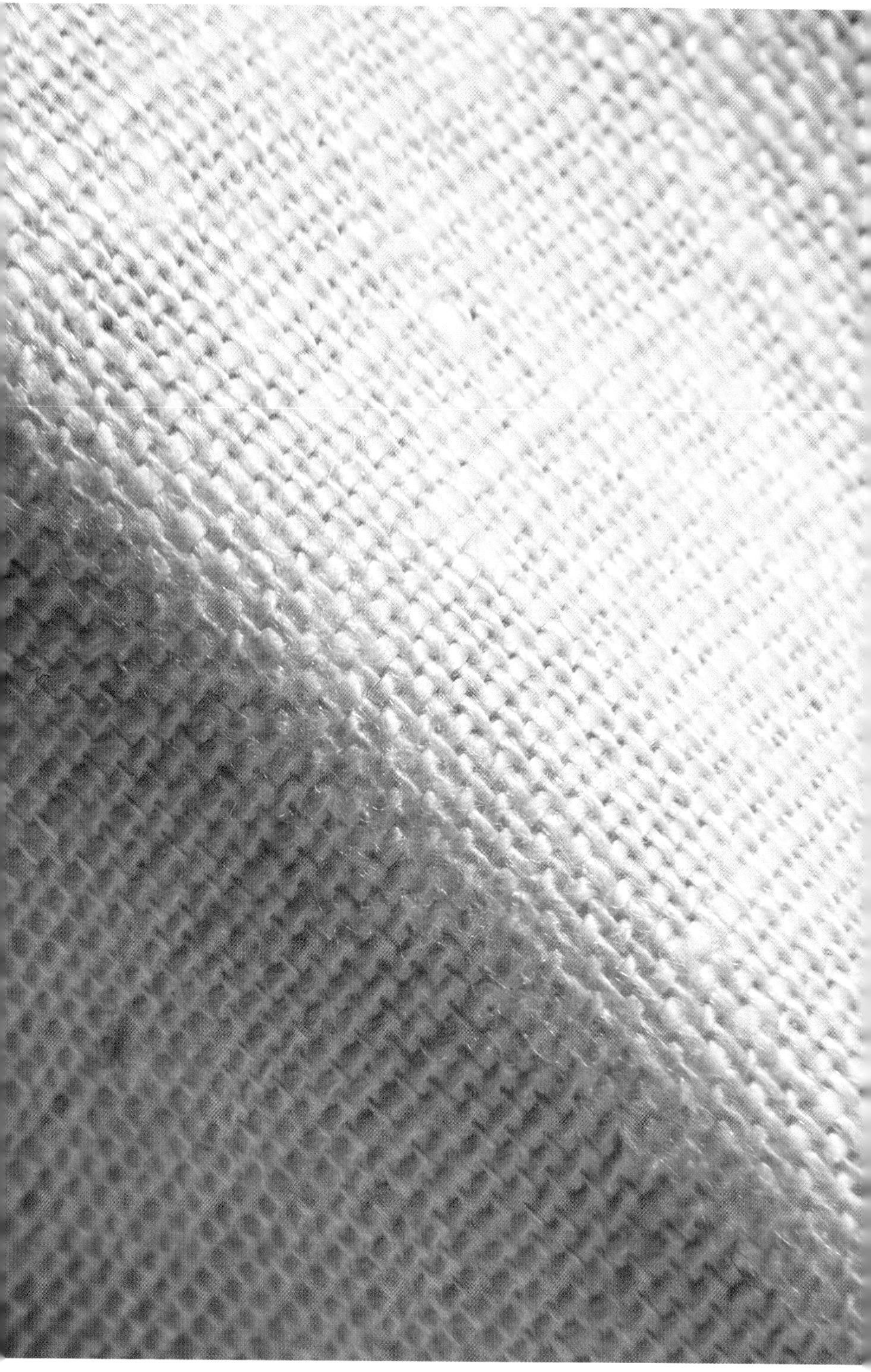

Linho chevron

Linho risca-de-giz

Linho mescla

CAMBRAIA

Tecido de algodão ou linho leve, tem como característica marcante a transparência e é ideal para camisas e blusas finas. O nome é originário da cidade de Cambraia, na França.

A cambraia de lã é um tecido mais pesado em ligamento de sarja com fios de cores contrastantes no urdume e na trama.

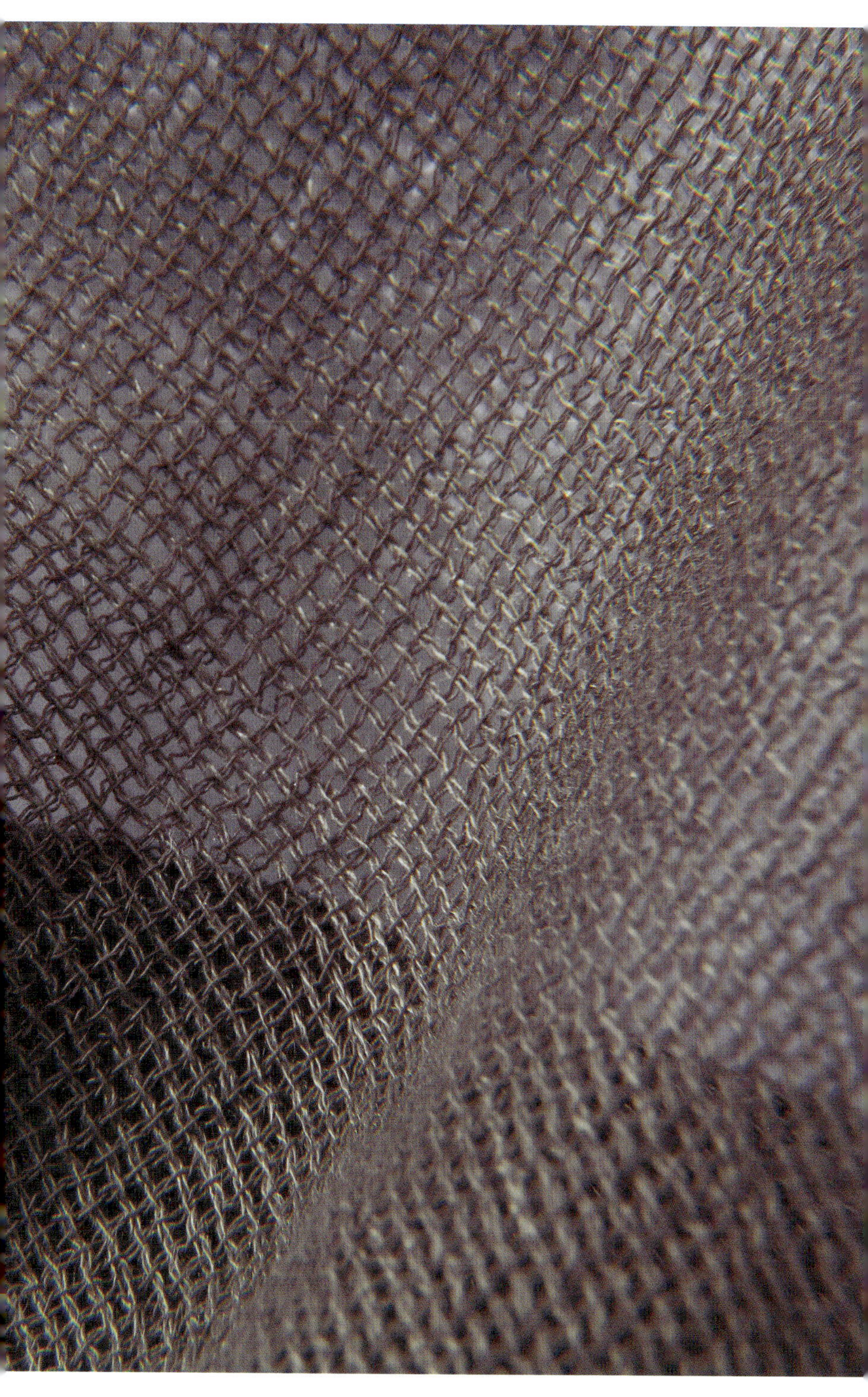

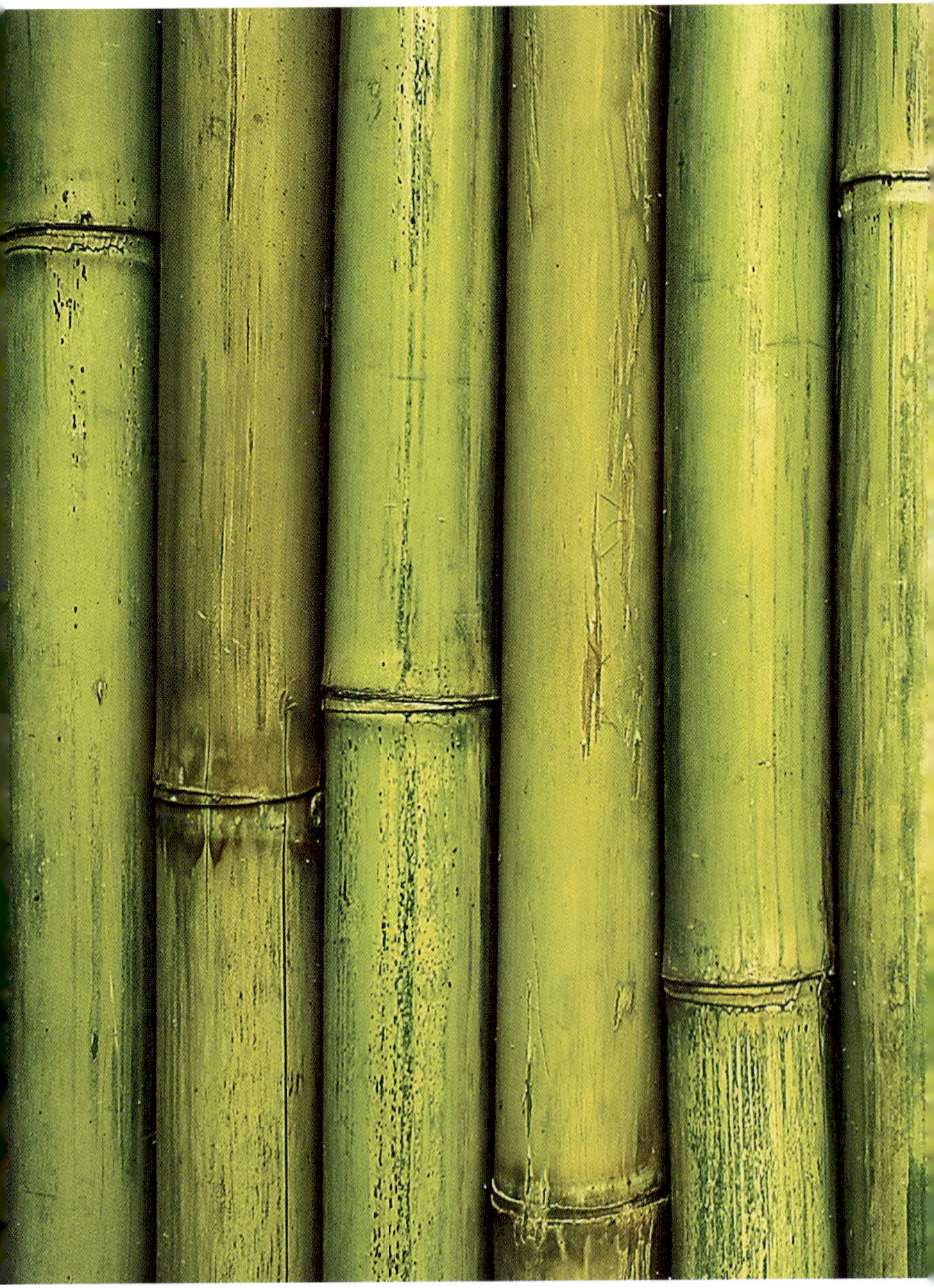

FIBRAS QUÍMICAS ARTIFICIAIS OBTIDAS DA POLPA DA MADEIRA

VISCOSE

A viscose é uma fibra retirada da polpa da madeira e fabricada quimicamente. Em 1905, começou-se a produzir o raiom de viscose a partir do processamento químico da celulose extraída de árvores como o bambu. Pura ou misturada a outras fibras, suas principais características são a fluidez, a elasticidade e o toque gelado. Costuma ser utilizada em tecidos planos e malhas, pura ou combinada com outras fibras.

ACETATO

A fibra de acetato de celulose foi criada na Alemanha em 1869. O acetato, ou raiom acetato, é uma fibra artificial à base de celulose obtida por processo semelhante ao da viscose. Especialmente na indústria têxtil, seu consumo é reduzido. As grandes confecções utilizam este tecido no acabamento de forros para paletós pelo fato de não causar odor.

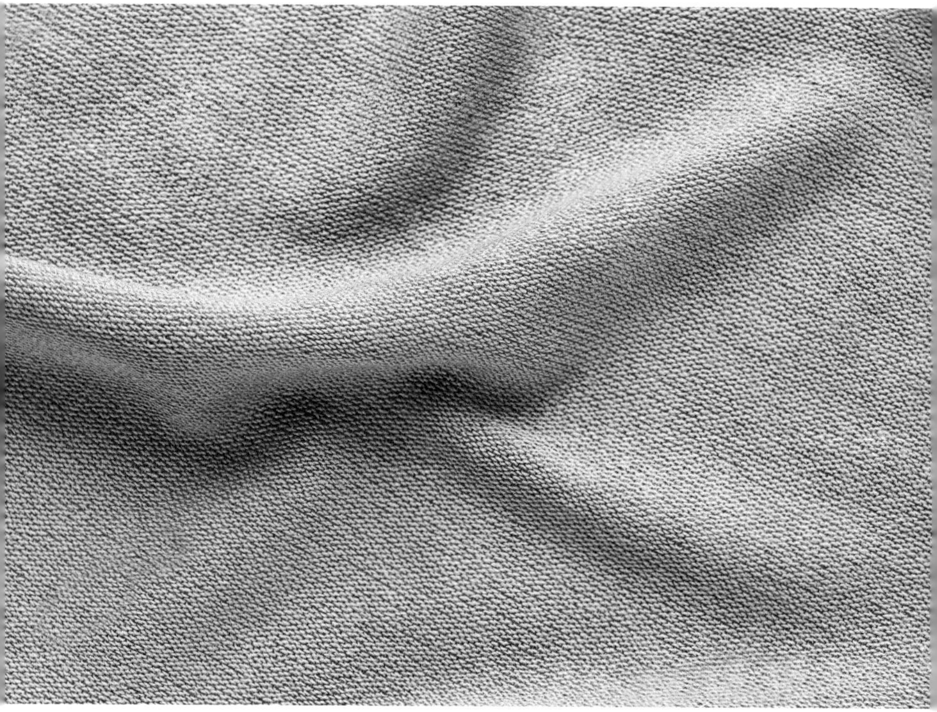

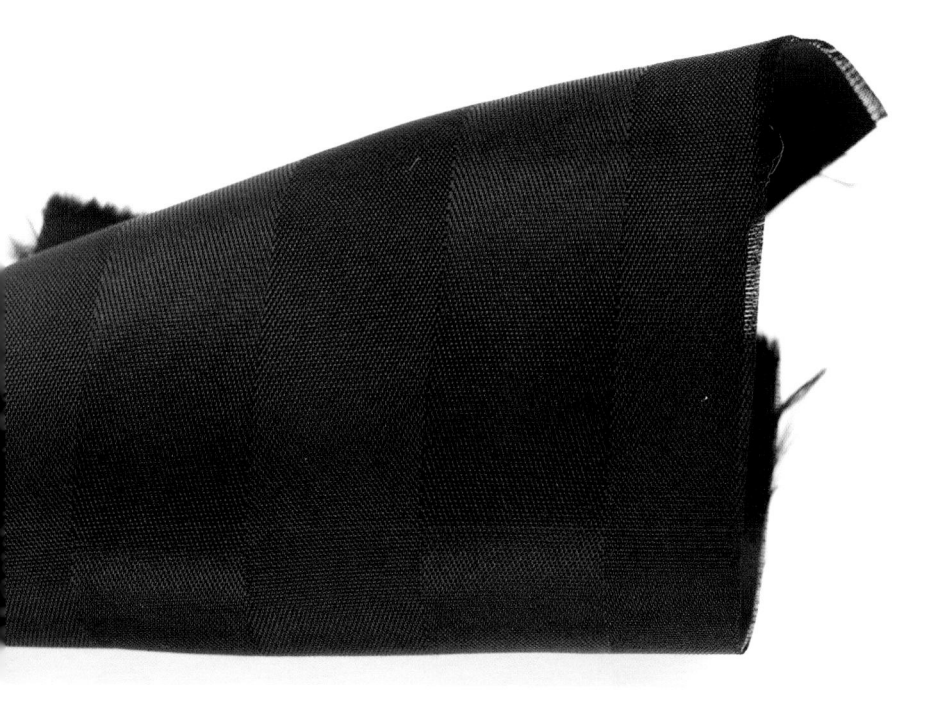

TENCEL® (LIOCEL OU LYOCELL)

O tencel provém de uma fibra artificial obtida da celulose da polpa da madeira de árvores de florestas auto-sustentáveis. Estas árvores são híbridas, produzidas geneticamente com a finalidade exclusiva de conseguir uma polpa mais branca e de melhor qualidade, na qual se utilizam menos produtos químicos para a obtenção da fibra.

MODAL

Fibra química artificial procedente da celulose, é regenerada normalmente. Fabricada seguindo o mesmo processo que o da viscose, possui elevada tenacidade e alto grau de elasticidade sob condições de umidade.

CUPRO

O cupro é uma fibra celulósica extraída da polpa da madeira. Tem peso semelhante ao do cetim de seda e apresenta ótimo caimento e aspecto lavado feito com enzimas.

CREPES

REFINADOS E INOVADORES

Tecido com aspecto granulado e toque áspero, obtido com fios químicos ou naturais com alta torção. O nome é derivado da palavra francesa crêpe, que significa 'crespo'.

CREPE RAIOM

Possui caimento perfeito para roupas de festa e alfaiataria aproveitando o lado acetinado.

CREPE TRIACETATO

Um crepe com dupla aceitação: excelente tanto para alfaiataria quanto para ser mesclado com tecidos mais nobres, como georgette e seda. Com essas características, é um tecido ideal para roupas de festa, pois também é de fácil conservação e não amassa com facilidade.

Sua composição é 71 por cento acetato e 29 por cento poliéster.

CREPE ACETATO

Encorpado, tem ótimo caimento e é perfeito para alfaiataria e vestidos.

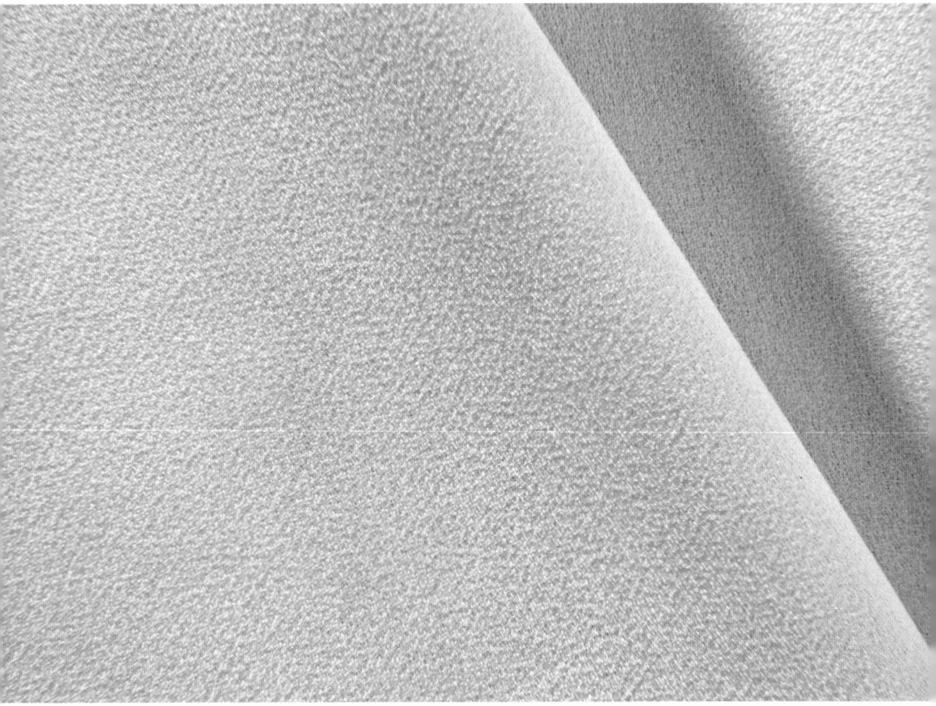

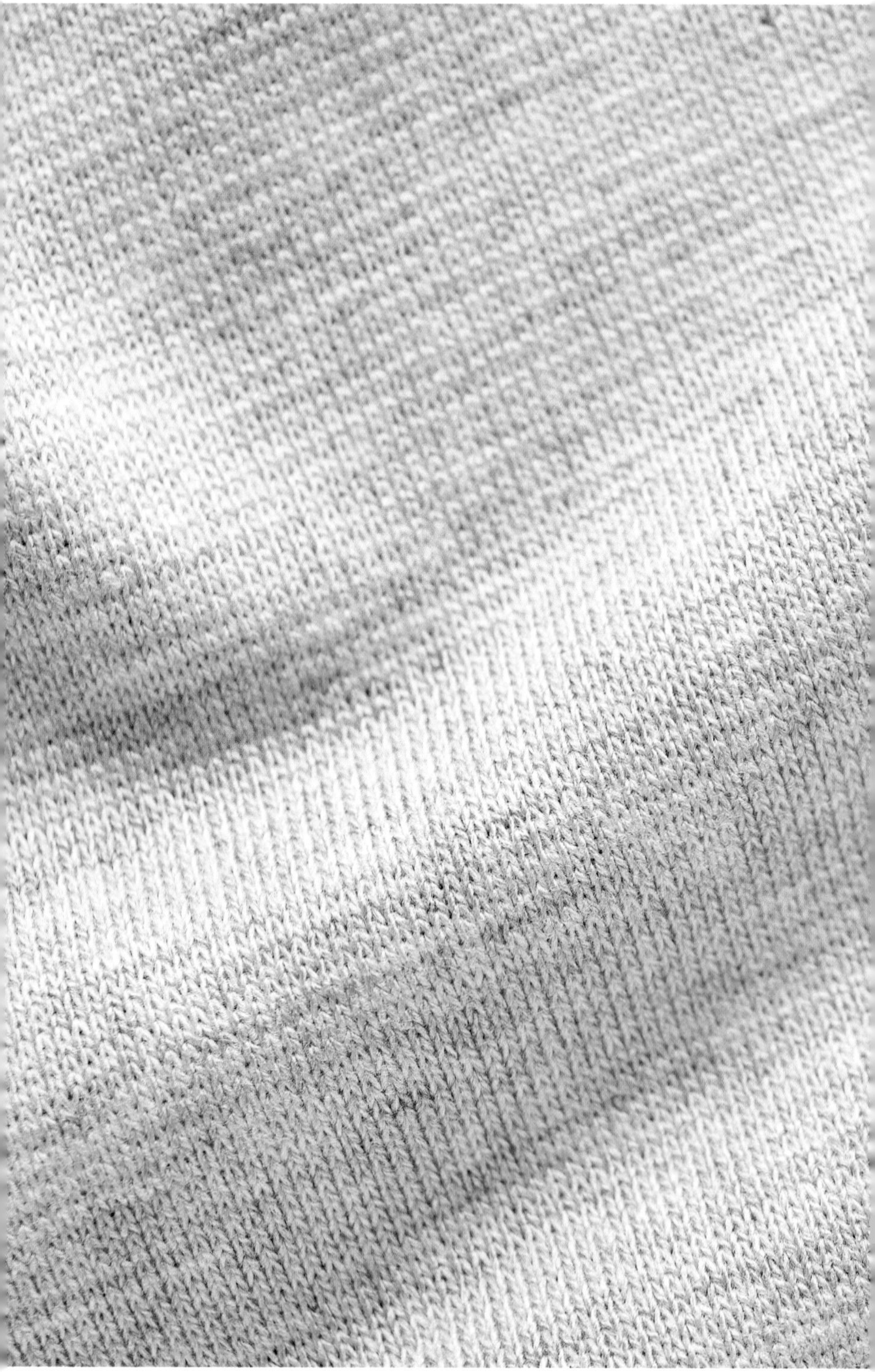

MALHA

Diane Von Furstemberg, uma entusiasta das malhas, criou sua primeira peça, uma blusa de amarrar, da mesma maneira que as suas criações de balé e, em seguida, evoluiu para o vestido coche, ou coeur, que se transformou em um clássico pelo fato de ser confeccionado em malha.

A malha é capaz de abraçar as mais complexas formas do ser humano.

MALHAS BÁSICAS MAIS CONSUMIDAS
São confeccionadas para camisetas ou tops. Embora possuam diferentes tipos de composições, são todas nobres.

Moleton mescla

Malha crepe viscose

Malha mescla color com elastano

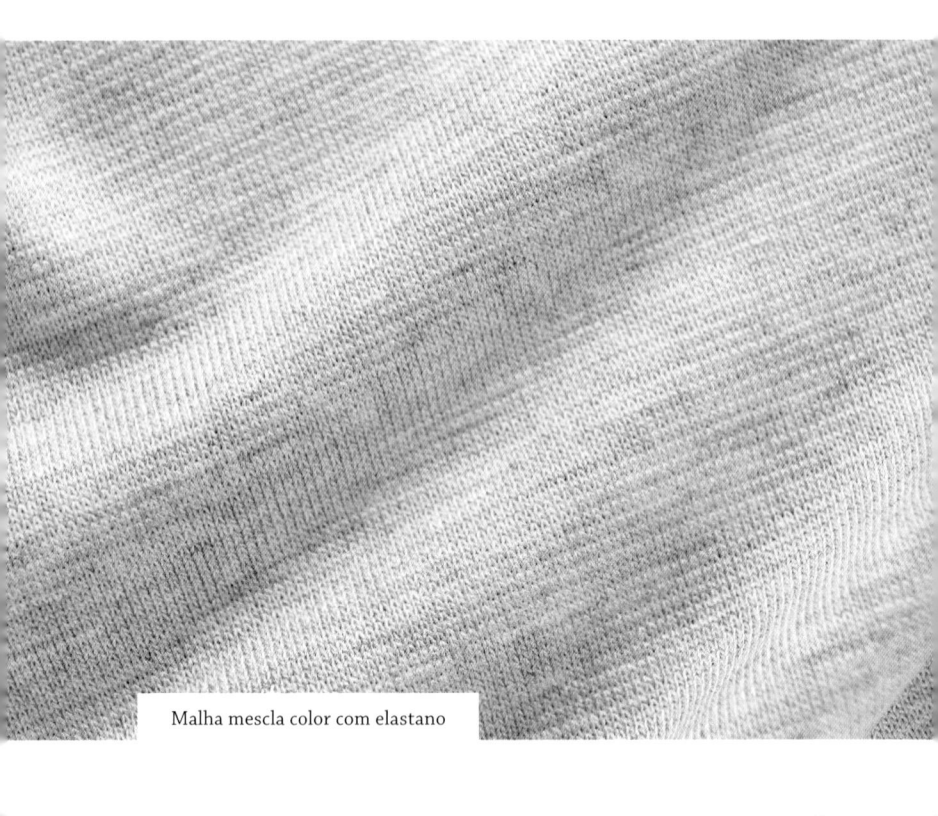

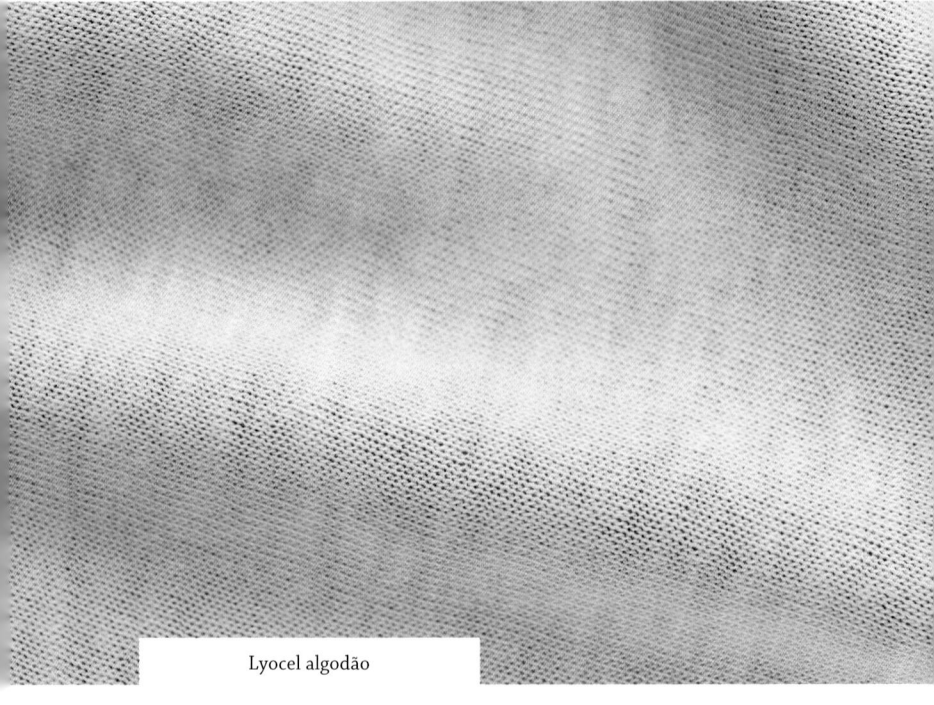

Lyocel algodão

Linho/Viscose

Crepe malha lyocel

MALHA JERSEY 100% VISCOSE
É uma das mais cobiçadas pelos estilistas por seu caimento em vestidos e drapeados espetaculares.

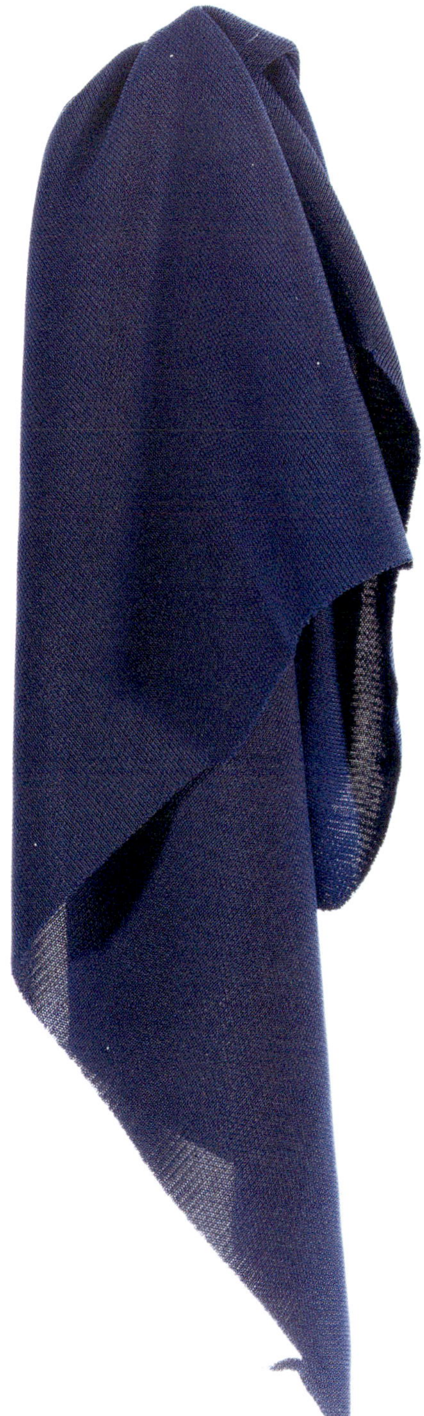

MALHA FANTASIA

São malhas usadas em camisetas, tops e vestidos, deixando-as diferenciadas, dependendo das tendências de moda.

Lurex

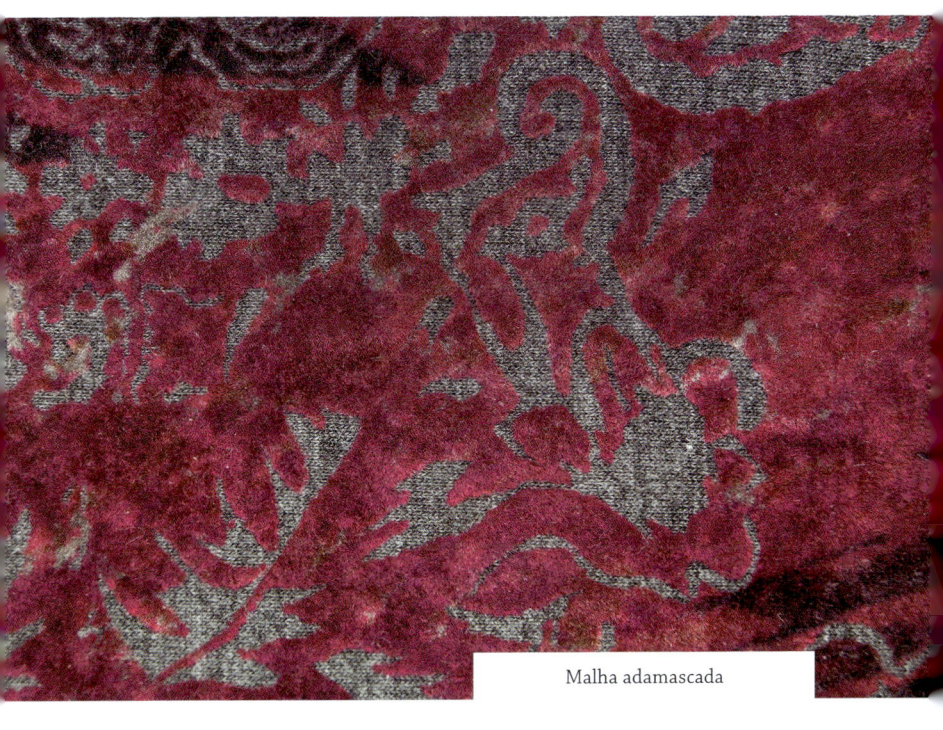

Malha adamascada

Malha mescla lisa

Malha cobra

Malha estampada

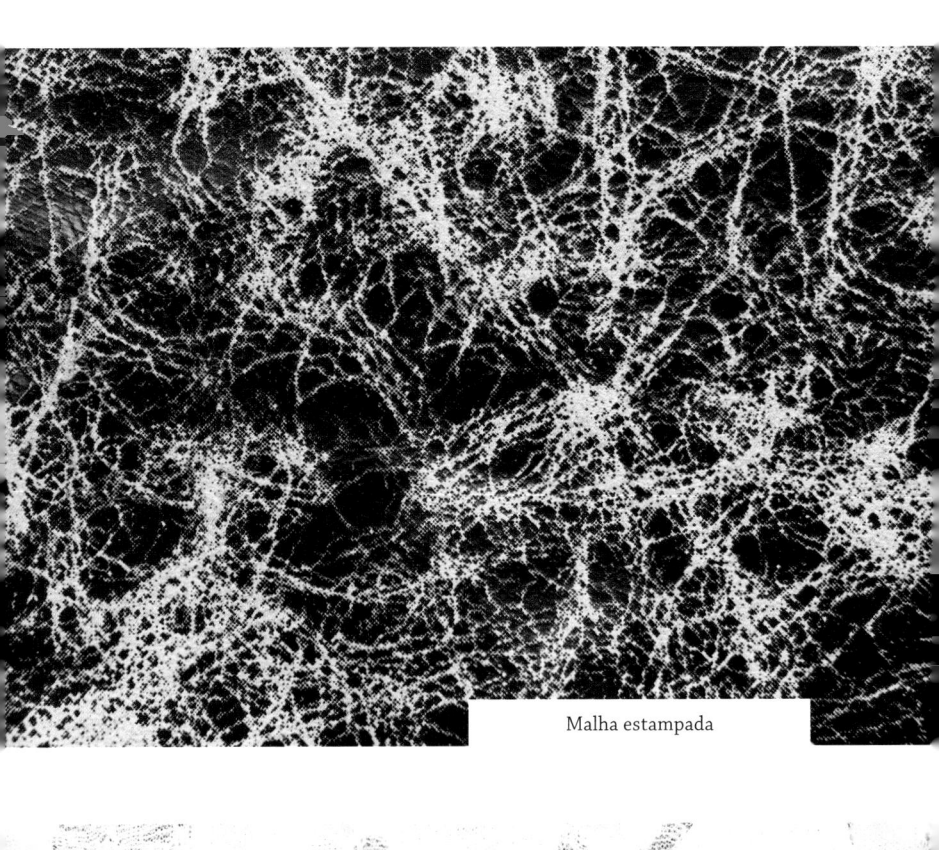

Malha devoré

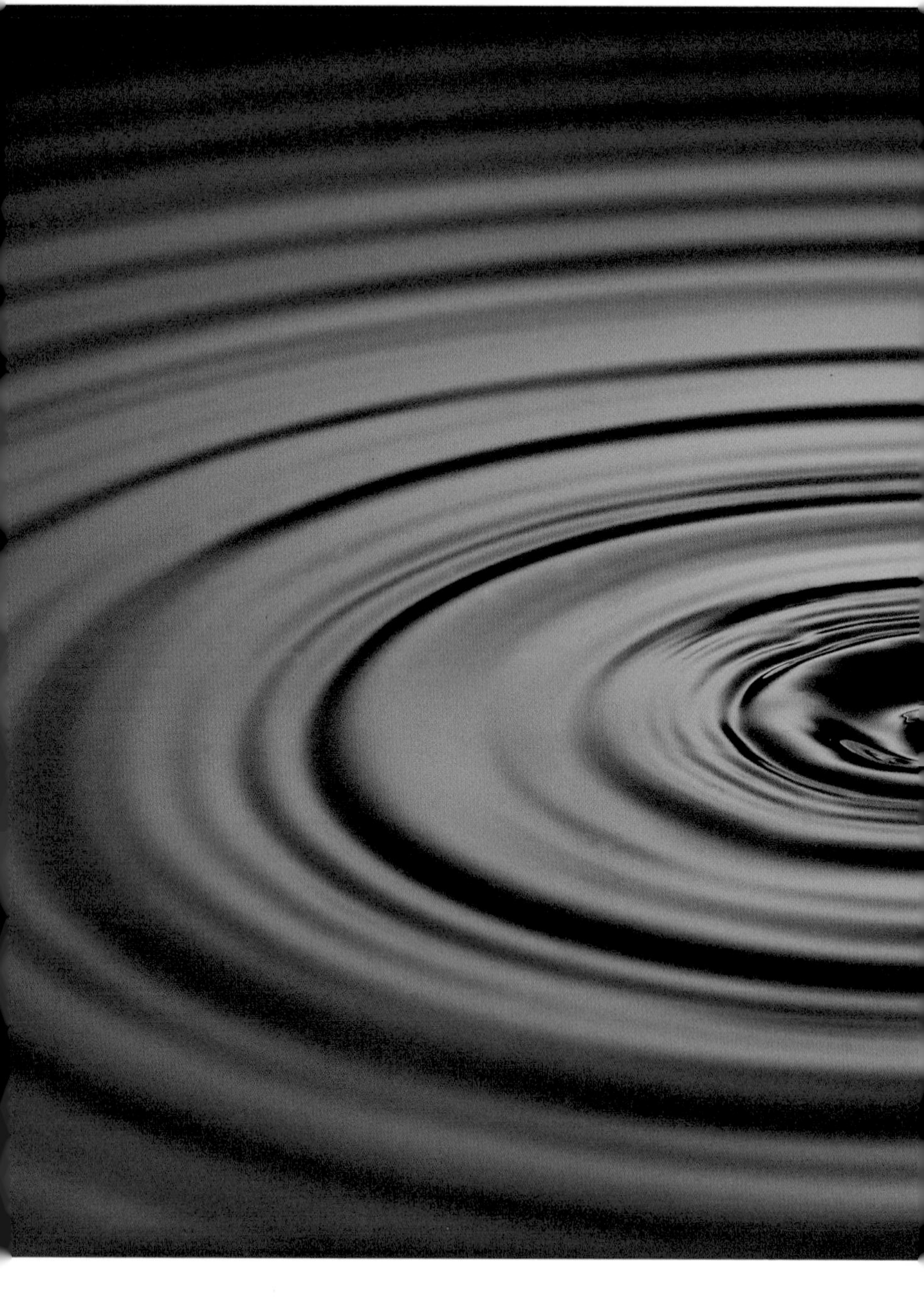

FIBRAS QUÍMICAS SINTÉTICAS OBTIDAS A PARTIR DO PETRÓLEO

ACRÍLICO

Fibra sintética que, mesmo sendo a menos consumida dentre as fibras químicas têxteis, ocupa espaço próprio no setor de confeccionados têxteis como o melhor substituto da lã. Caracteriza-se, porém, por criar bolinhas (peeling), embora apresente cores incríveis.

ELASTANO

Fibra química sintética, também é conhecida como lycra®. Sua função específica é conferir elasticidade aos tecidos convencionais (de malha ou planos), o que permite confeccionar peças de vestuário que aderem ao corpo, delineando formas e movimentos.

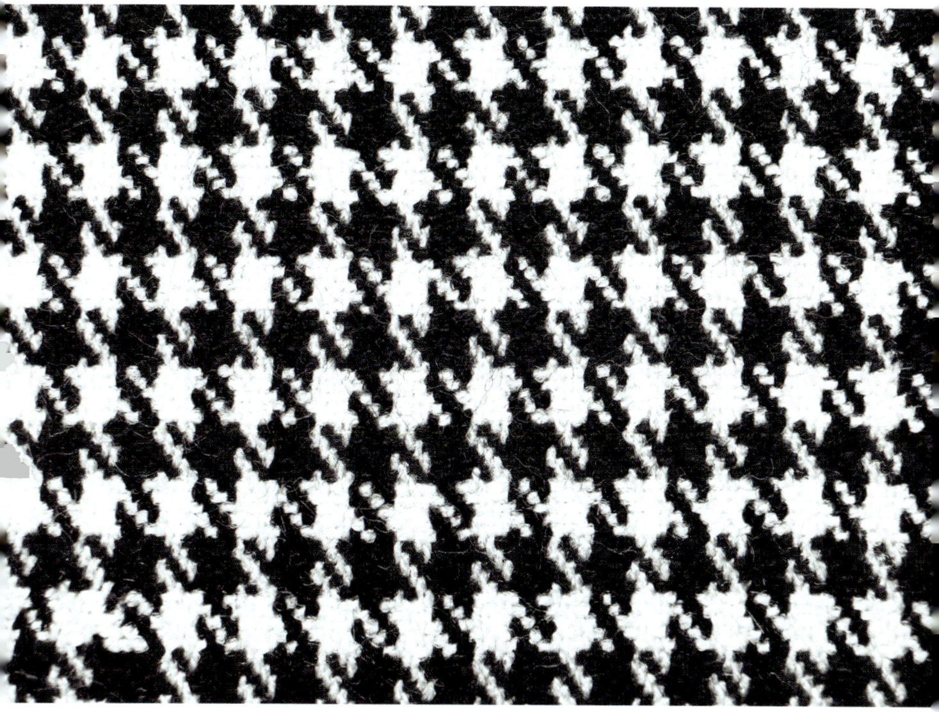

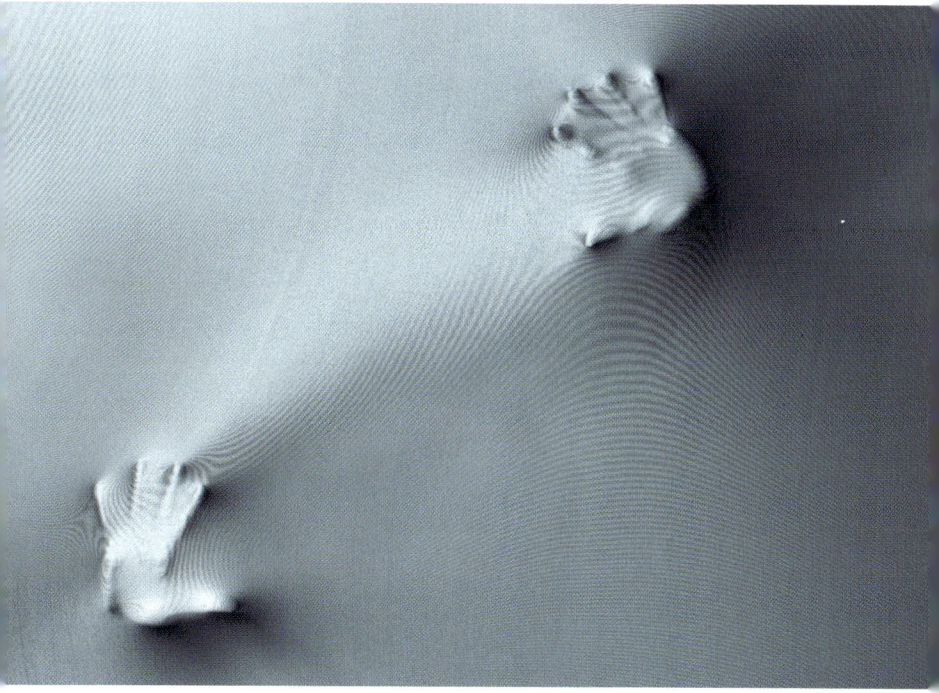

POLIÉSTER

Fibra sintética lançada em 1941, não amassa, seca rapidamente e não deforma. É usada em vestuários, 100% ou em misturas. Uma de suas principais características é a baixa absorção de umidade e é muito usada na confecção de jaquetas que aparentam ser náilon. Com a disseminação de tecnologia, há poliéster também na alfaiataria com grande aceitação no mercado.

NÁILON

Proveniente da poliamida, é uma fibra resistente e lisa que não retém poeira e sujeira. É perfeita para jaquetas.

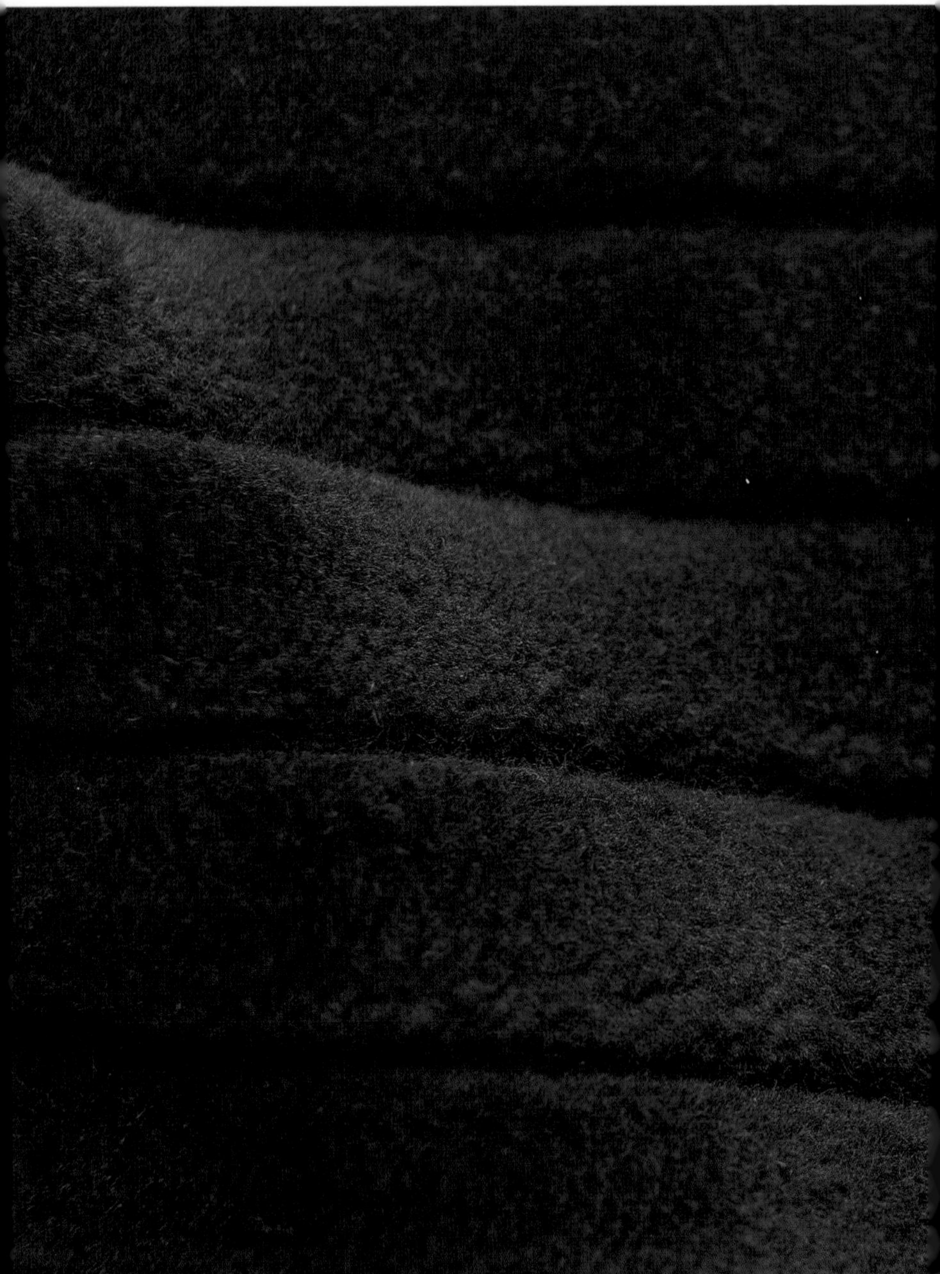

VELUDO

Criado na Índia, começou a ser produzido na Itália nos séculos XIV e XV para suprir a demanda da nascente burguesia europeia. Atualmente, é usado para roupas de festas (veludo de seda molhado) ou casuais (veludo de algodão).

Do lado direito apresenta um aspecto peludo, macio e brilhante. Esses pelos são curtos, densos de pé e fazem parte da estrutura do tecido. O tecido pode ser de seda, linho, poliéster ou algodão. Muito usado na confecção de calças e paletós, pode apresentar aspecto fino ou largo.

Veludo clássico

Veludo elastano

Veludo pied-de-poule

Veludo molhado

Veludo cristal

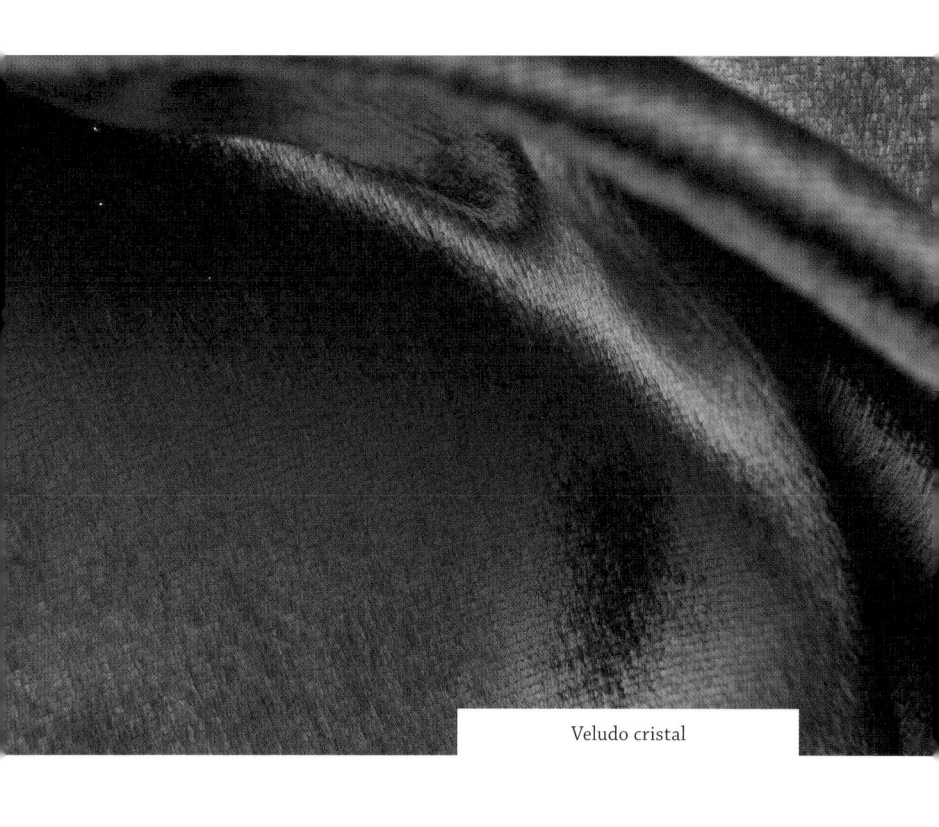

Veludo maxi cotele

JEANS

YVES ST. LAURENT COSTUMAVA DIZER QUE QUERIA TER INVENTADO O JEANS: A COISA MAIS ESPETACULAR, PRÁTICA, RELAXADA E INDIFERENTE QUE EXISTE. TEM EXPRESSÃO, MODÉSTIA, SEXY APPEAL E SIMPLICIDADE, TUDO O QUE ELE BUSCAVA EM SUAS CRIAÇÕES.

O JEANS GARANTE UMA AURA DE ESTILO. É FASCINANTE SUA CAPACIDADE DE DAR LEVEZA A TUDO E TRANSFORMAR AS PEÇAS MAIS TRADICIONAIS EM DESPRETENSIOSAS.

UM POUCO DA HISTÓRIA DO JEANS

NOS ANOS 1850, LEVI STRAUSS COMEÇOU A VENDER

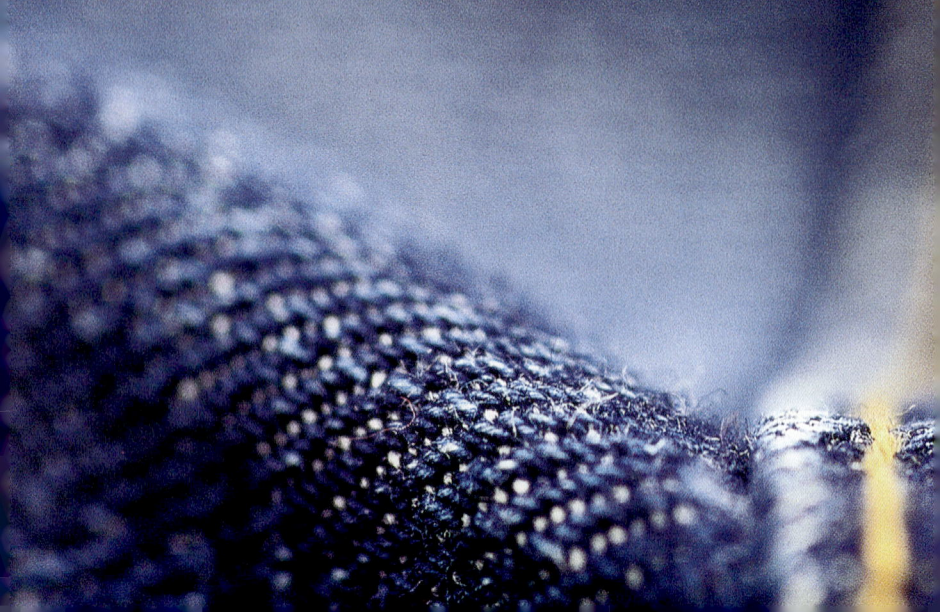

calças de um jeans grosso aos mineiros de São Francisco, que precisavam de peças duráveis e confortáveis. Em 1873, Jacob Davis e um alfaiate de Reno, estado de Nevada, procuraram Strauss com a ideia de prender os bolsos com rebites para dar maior resistência às calças. Os dois homens arregaçaram as mangas, patentearam o modelo desenvolvido e fizeram história. Hoje, mais de um século depois, o jeans deixou de ser apenas uma calça de trabalhadores braçais para se tornar uma peça-chave no guarda-roupa moderno.

DENIM

O Denim é um tecido de algodão com construção em sarja. A denominação vem do fato de ter sido feito originalmente em Nîmes, França. De serge de Nîmes, o nome foi simplificado para Denim. Considerado o uniforme do mundo, é hoje sinônimo de calça jeans.

DÉLAVÉ

Processo de lavagem estonada com aplicação de clareamento e alvejante químico, o que deixa o tecido com um visual mais macio que o simples estonado.

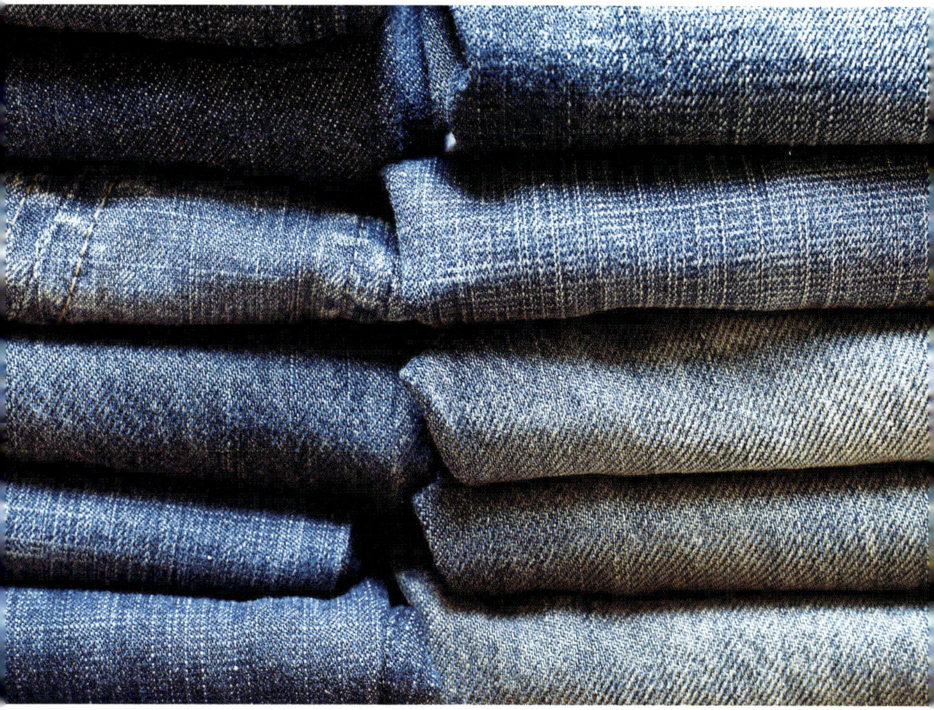

DESTROYED

Processo utilizado para dar características de envelhecimento e contraste entre o azul (urdume) e o branco (trama). O envelhecimento é obtido basicamente por atrito mecânico. Esse atrito é feito com as próprias peças e pedras ou também por meio de ação química enzimática, deixando a peça com aspecto destruído.

ESTONAGEM

Lavagem feita em tambores industriais com pedras de argila chamadas sinasitas. Durante a lavagem, as pedras atritam a peça já confeccionada, acrescentando aparência de gasta. O jeans estonado torna-se mais macio.

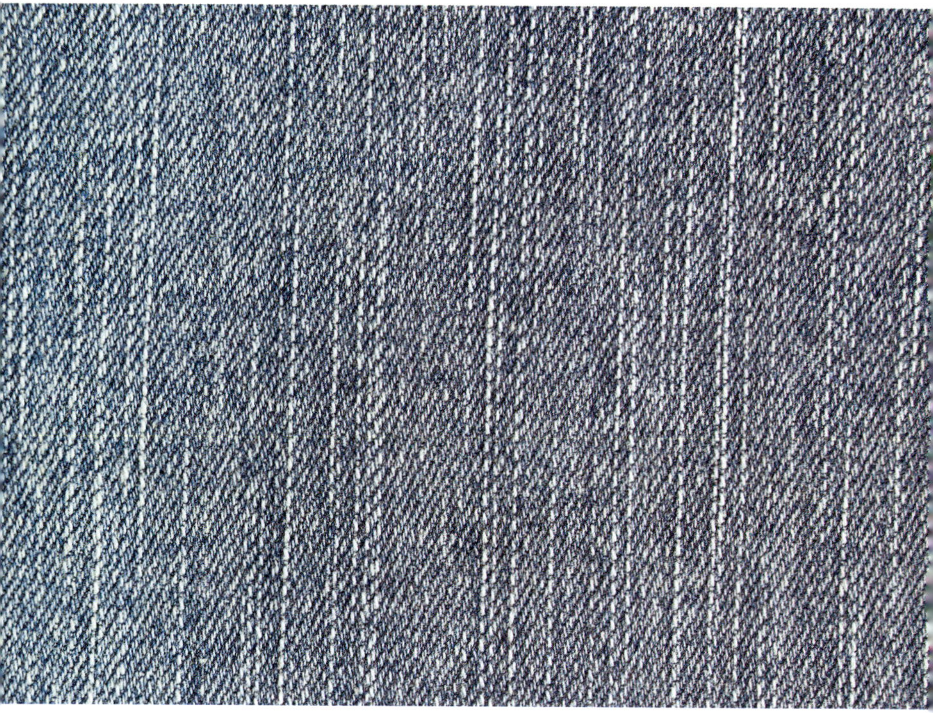

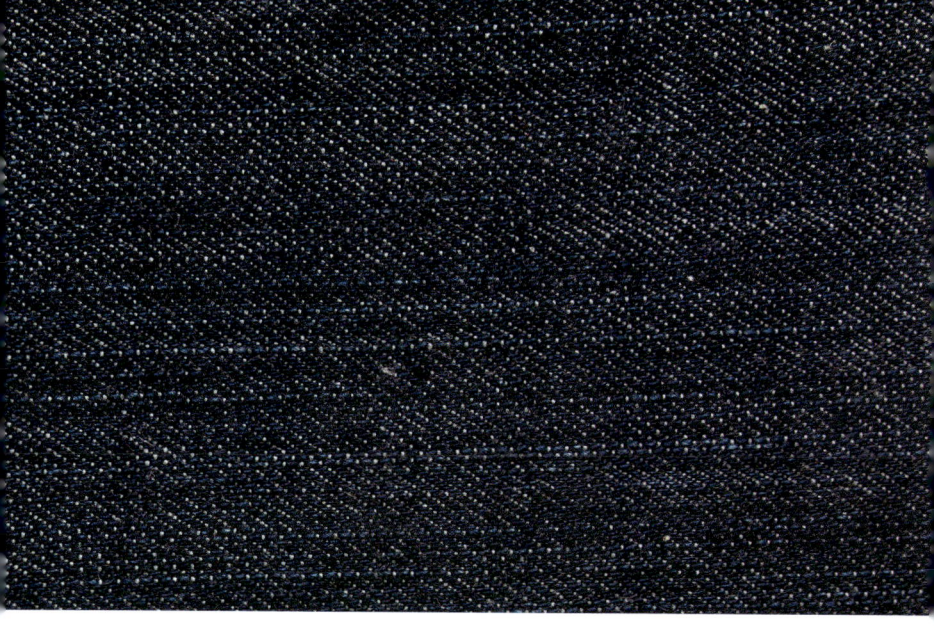

DESGASTE LOCALIZADO

Tipo de acabamento feito peça a peça para obter diversos efeitos em partes predeterminadas. Partes da peça são clareadas com o uso de pistola. Uma lixa é utilizada para desgastar os locais por abrasão. No detonado, a peça recebe picotes feitos com esmeril antes de ser lavada.

JEANS RESINADO

As resinas são utilizadas para preservar a cor original do tecido, o que dá um visual bem sofisticado. Elas também garantem melhor toque e brilho, além de texturas diferentes, como o emborrachado.

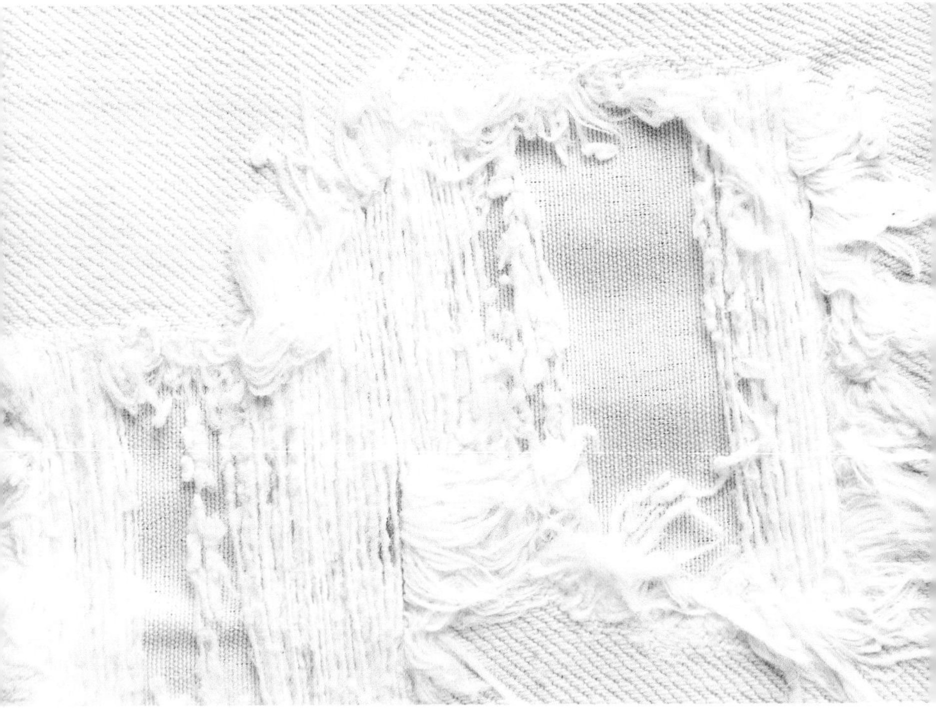

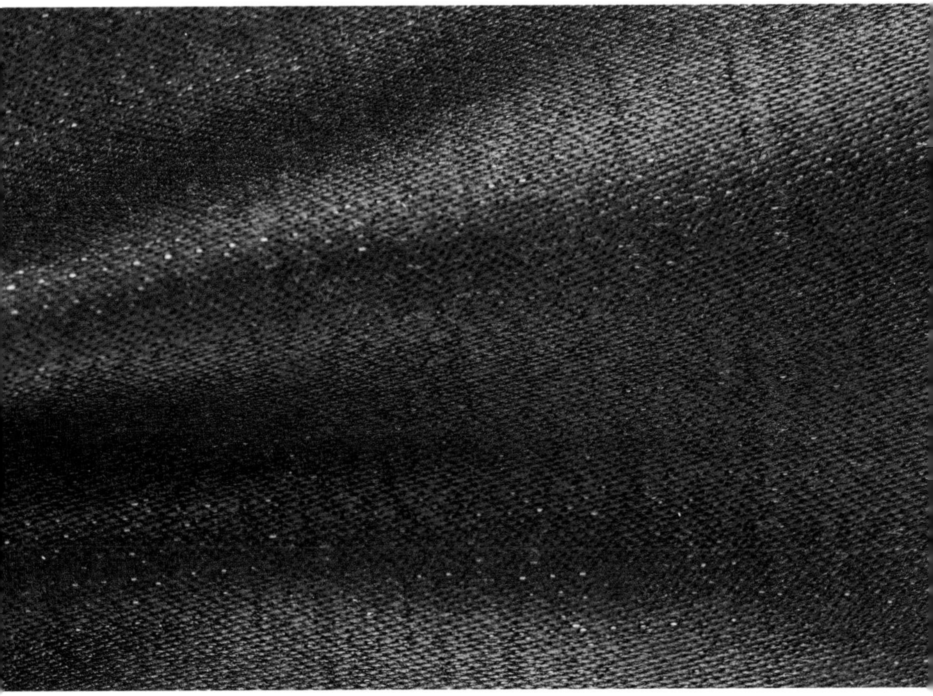

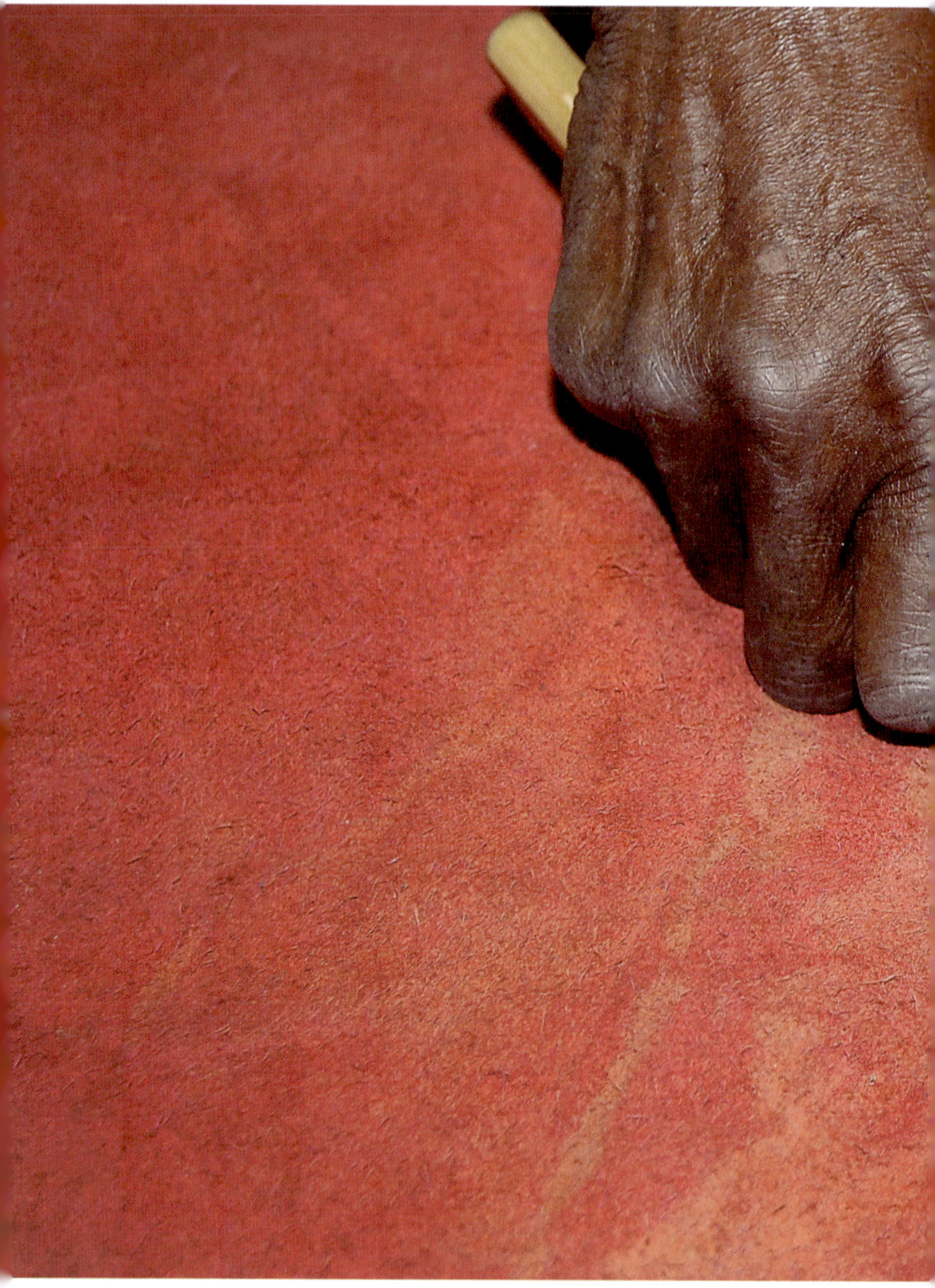

A ALMA DO CURTUME

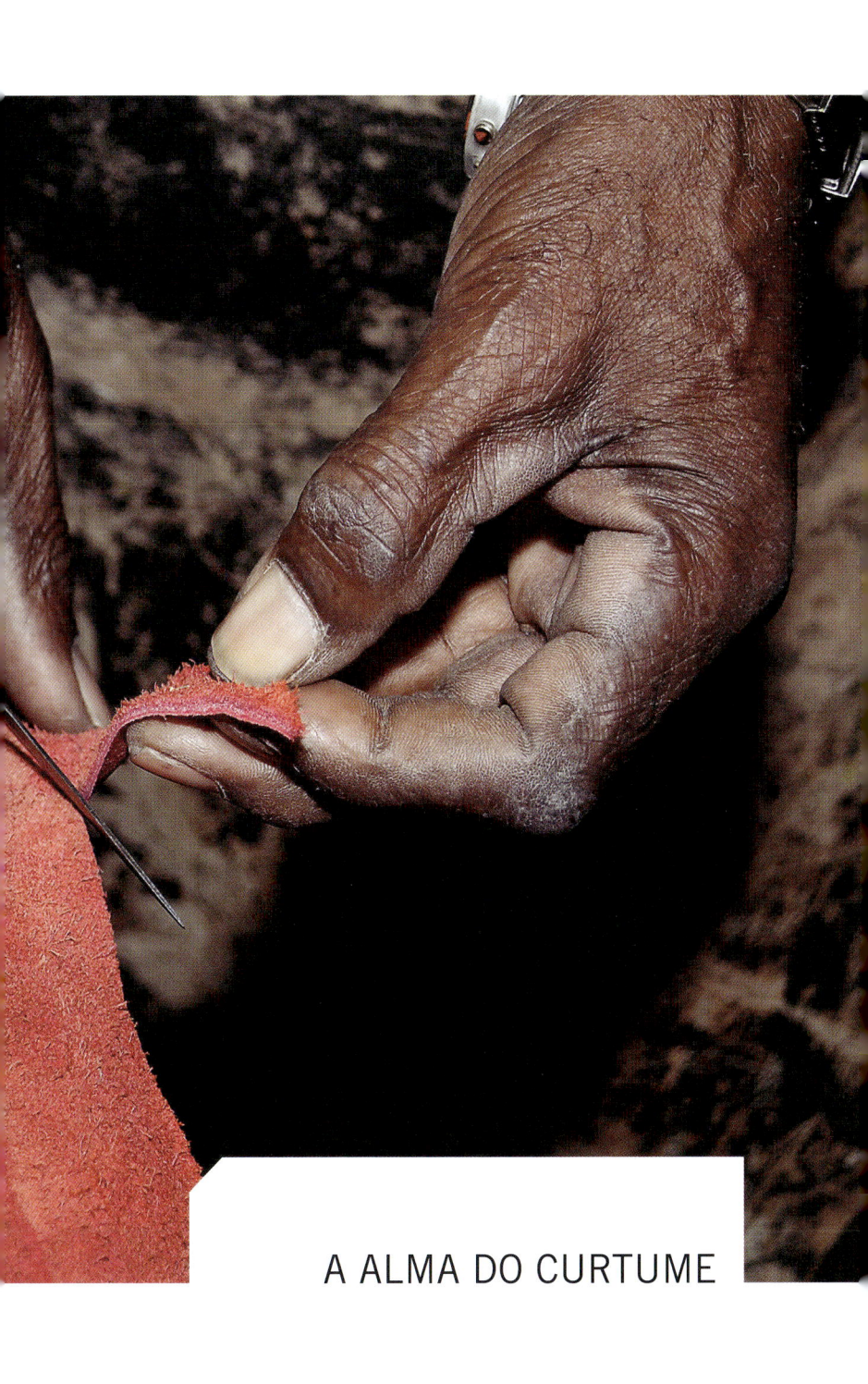

O COURO

O COURO É PRODUZIDO A PARTIR DAS PELES DE ANIMAIS, COMO BOVINOS, CAPRINOS, OVINOS E SUÍNOS, ENTRE OUTROS. O COURO BOVINO É O MAIS UTILIZADO PELO SEU APROVEITAMENTO E PELO FATO DE SER O MAIS ABUNDANTE NO MERCADO. O SEGUNDO MAIS UTILIZADO É O CAPRINO, DEVIDO TAMBÉM À FACILIDADE OBTENÇÃO E PRINCIPALMENTE POR SUA QUALIDADE, QUE É MAIOR DO QUE A DO COURO DE BOI. ENTRETANTO, TAMBÉM TEM CRESCIDO A PROCURA PELOS COUROS DE OUTROS ANIMAIS MAIS EXÓTICOS, COMO JACARÉ, COBRA, RÃ E PEIXE.

O COURO PRECISA SER MANUFATURADO PARA CHEGAR ATÉ O CONSUMIDOR. QUANDO É RETIRADO DO BOI, ELE PRIMEIRAMENTE É TRATADO PARA DEIXAR DE SER PELE E SE TRANSFORMAR EM COURO.

NESTE PROCESSO, É FEITA UMA LIMPEZA QUÍMICA NA QUAL SÃO ELIMINADAS TODAS AS IMPUREZAS DA PELE PARA QUE ELE ACEITE O CURTIMENTO.

O CURTIMENTO É O PROCESSO NO QUAL TODAS AS

LIGAÇÕES QUÍMICAS DO COURO SE ESTABILIZAM E QUE O TORNA IMPUTRESCÍVEL.

APÓS ESTA PRIMEIRA ETAPA, É PRECISO DECIDIR O QUE SERÁ PRODUZIDO COM O COURO, SE ELE SERÁ ESTAMPADO E RÍGIDO PARA A CONFECÇÃO DE CALÇADOS, POR EXEMPLO, OU SE SERÁ UMA NAPA MACIA PARA BOLSAS. O COURO ENTRA EM UM PROCESSO DE RECURTIMENTO, NO QUAL É FEITO O TINGIMENTO E ADICIONAM-SE RESINAS E ÓLEOS PARA DEIXÁ-LO COM AS CARACTERÍSTICAS DESEJADAS PARA O ARTIGO FINAL.

DEPOIS DESTE PROCESSO, ELE É SECO EM VARAIS PRÓPRIOS PARA ESTA FINALIDADE E EM SEGUIDA VAI PARA O ACABAMENTO.

FINALMENTE, A SUPERFÍCIE DO COURO É TRATADA DE MODO A DEIXÁ-LO COM A INTENSIDADE DE COR E A ESTAMPA DESEJADAS. NESTA ETAPA FINAL, A CRIATIVIDADE É QUEM FALA MAIS ALTO. EXISTEM MILHARES DE TIPOS DE ACABAMENTOS, DESDE OS MAIS SIMPLES E RÁPIDOS DE FAZER ATÉ OS MAIS ELABORADOS, FEITOS A MÃO.

PROCESSO SIMPLIFICADO DE ACABAMENTO DO COURO

Couro já tratado, isto é, curtido para não deteriorar (sem pelos e sem resíduos).

Processo de lavagem para amolecer o couro que, mesmo após o curtimento, ainda está muito duro e firme.

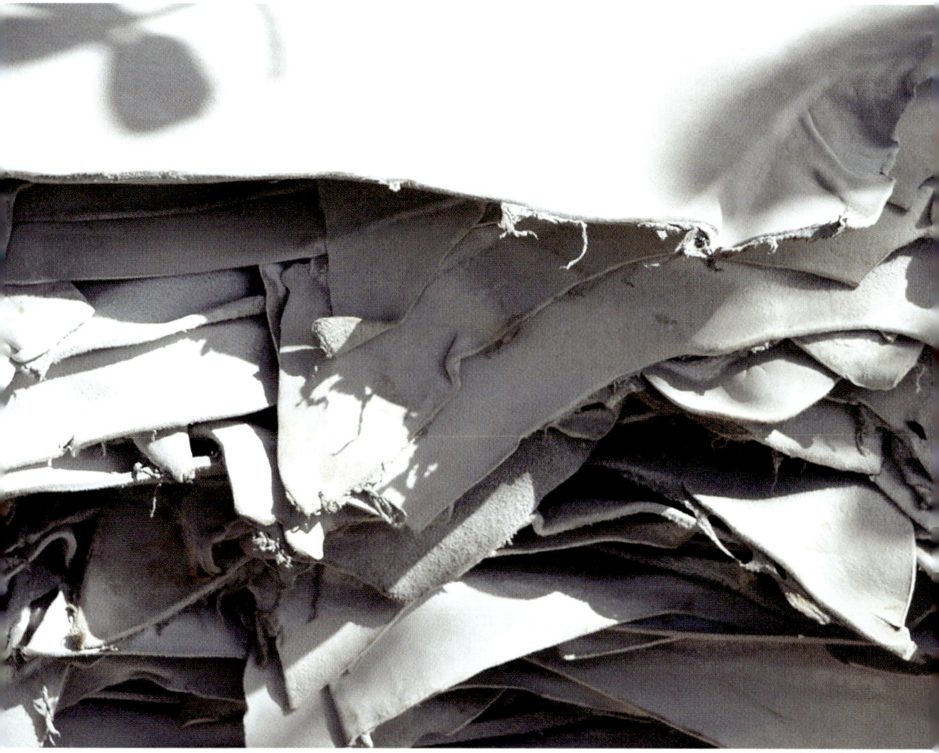

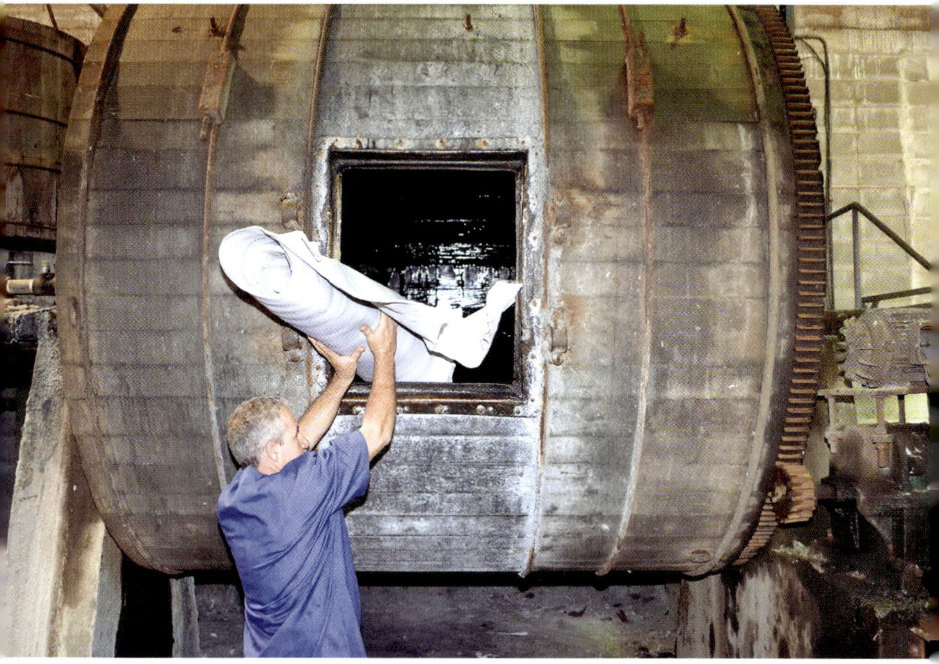

Máquina para processo de tingimento.

Couro já tingido.

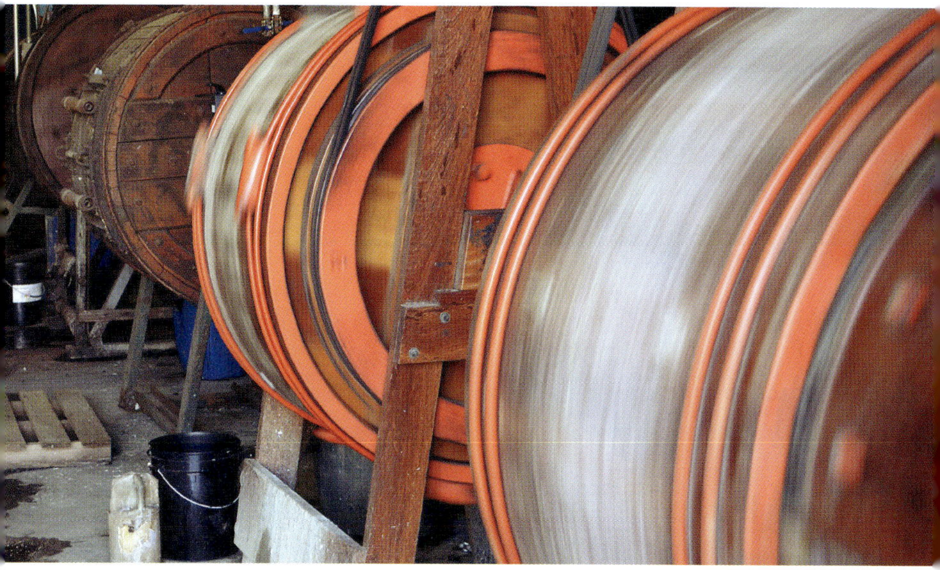

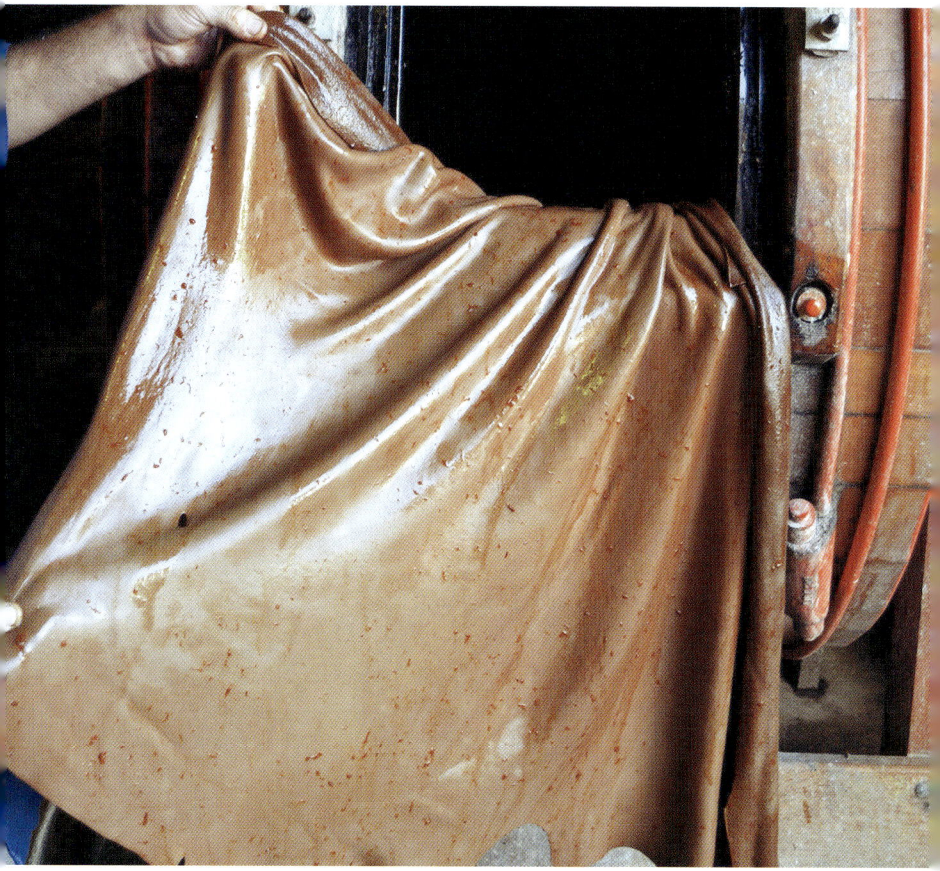

ACABAMENTOS: ONDE ENTRA SOFISTICAÇÃO, BRILHO, AMACIAMENTO, INTENSIDADE DE COR, TOQUE, ESTAMPARIA...

Processo de lavagem que dá uniformidade ao couro.

Processo manual no qual o couro é aberto com vapor para eliminar rugas.

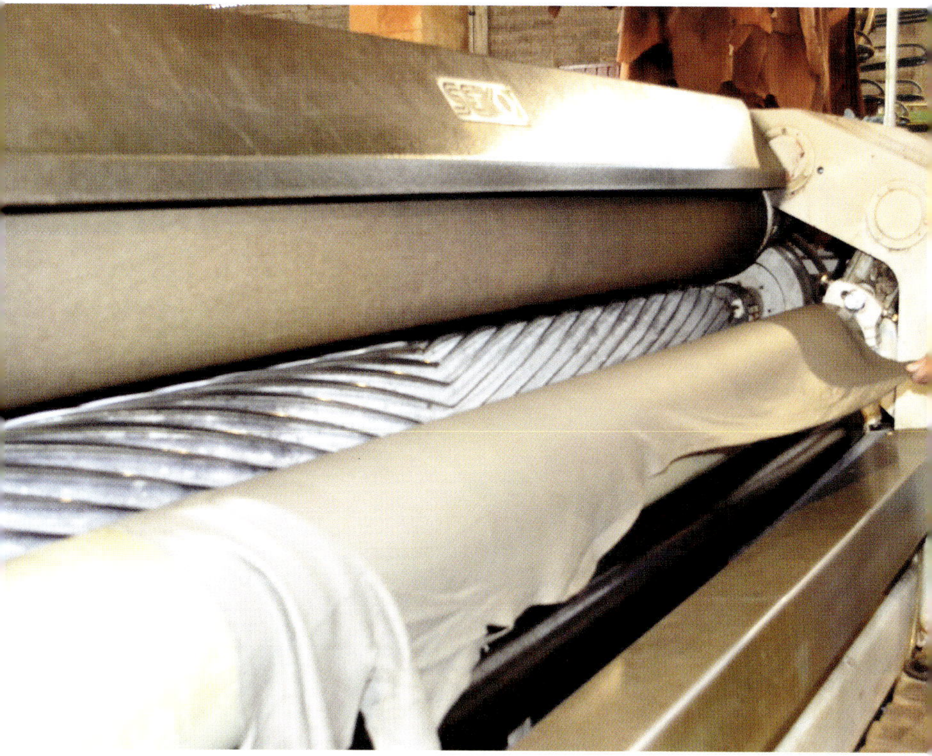

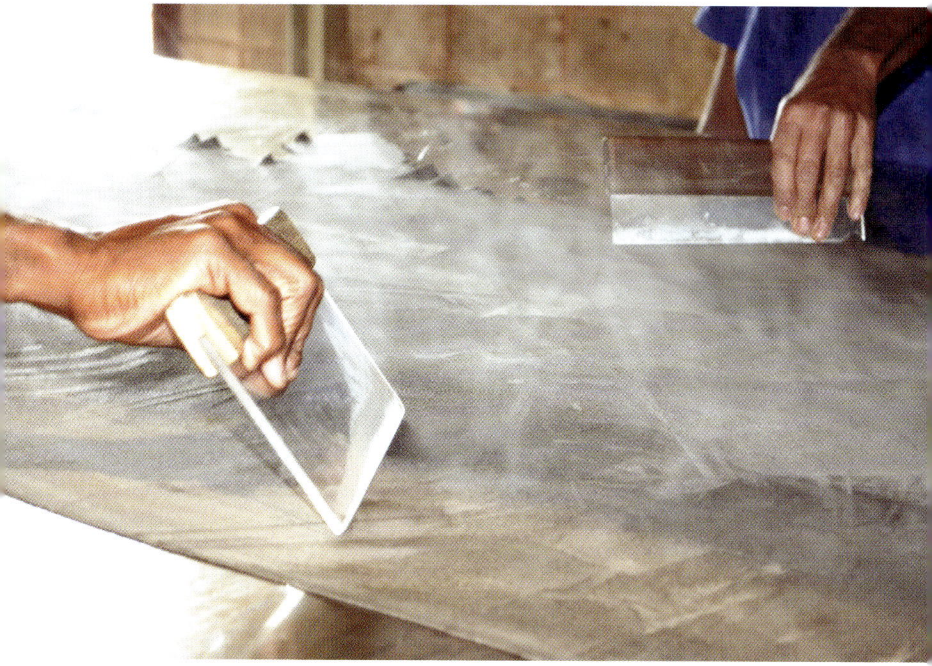

Aparando os defeitos manualmente.

Equipe aparando os defeitos.

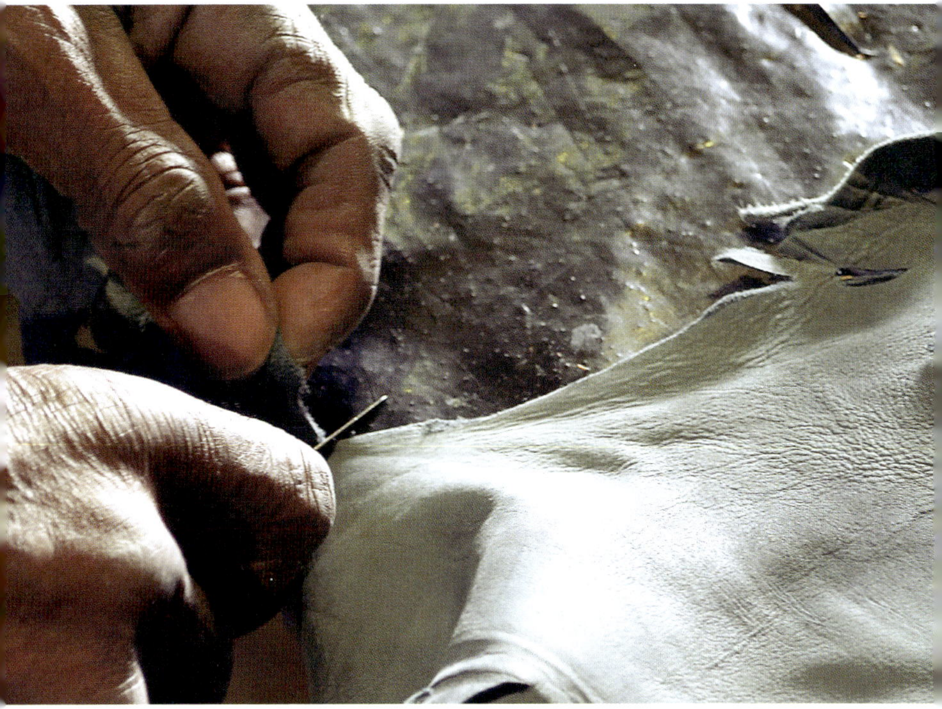

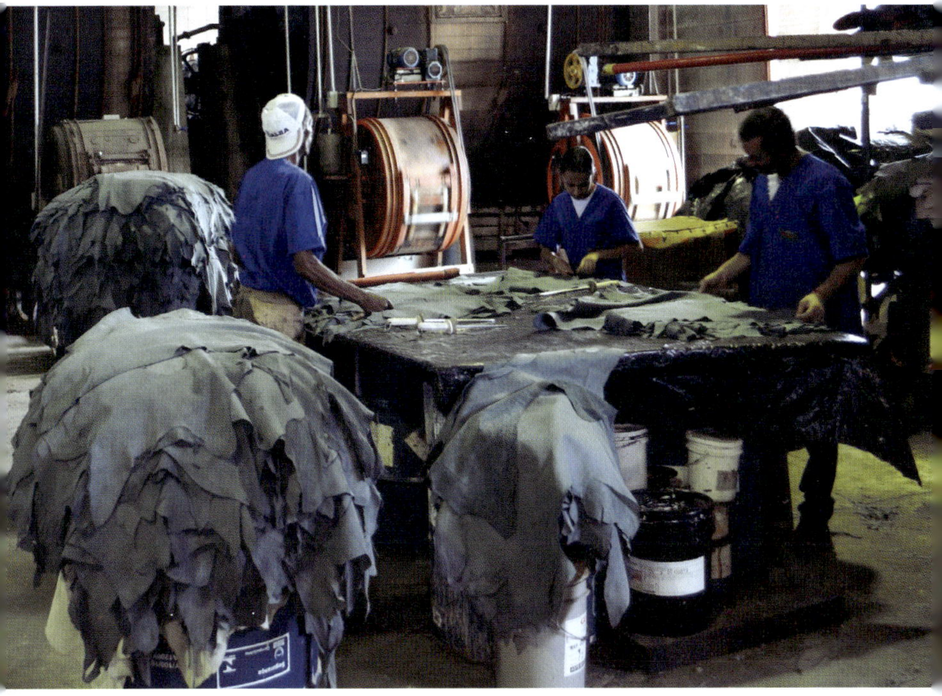

Secagem natural. ⸻

Dando uniformidade e espessura. ⸻

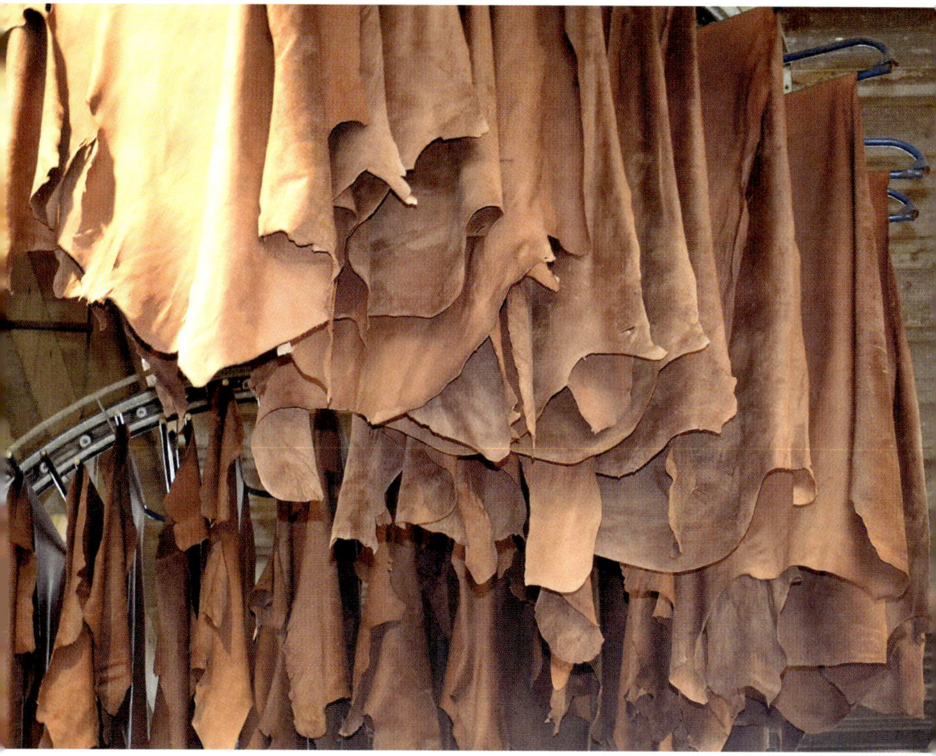
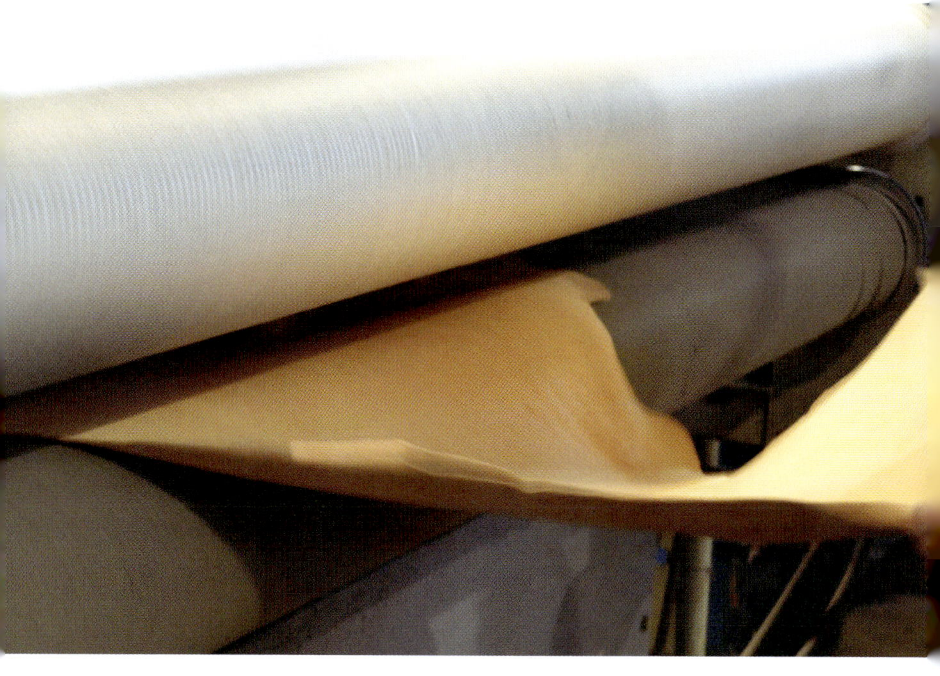

Processo manual para dar expansão ao couro, pois ele é vendido por metro quadrado.

Retoque final do tingimento.

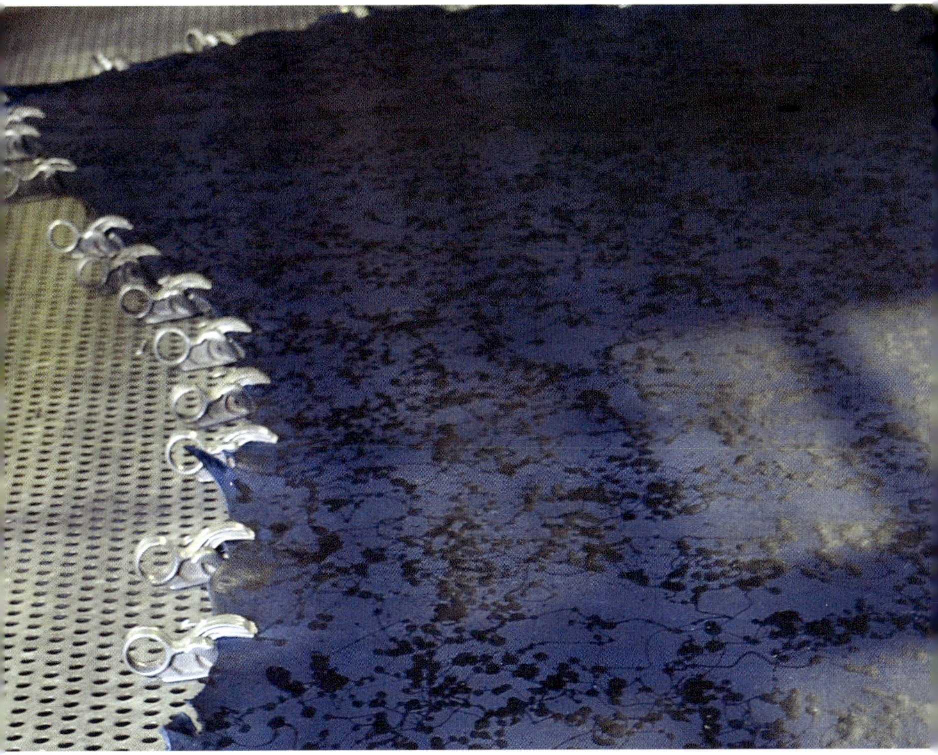

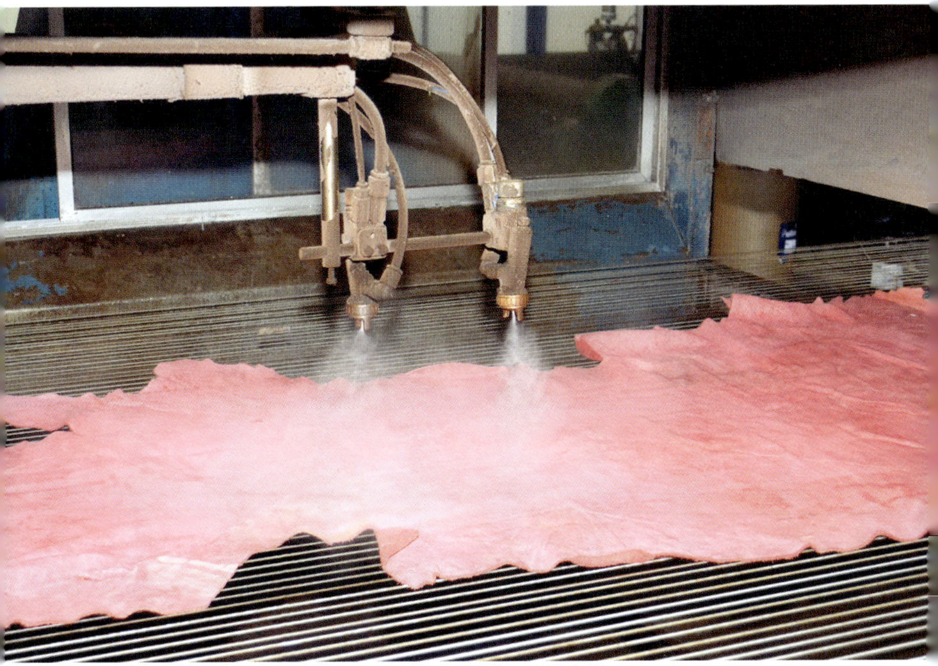

Prensa estampando o couro (estampa cobra).

Chapa de prensa de estampa cobra.

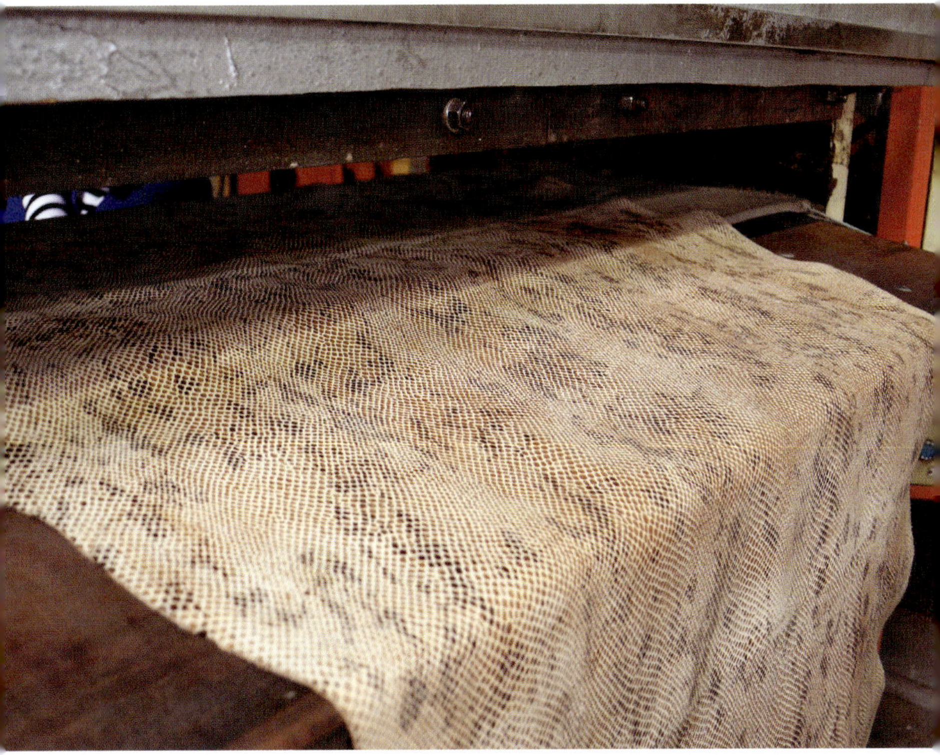

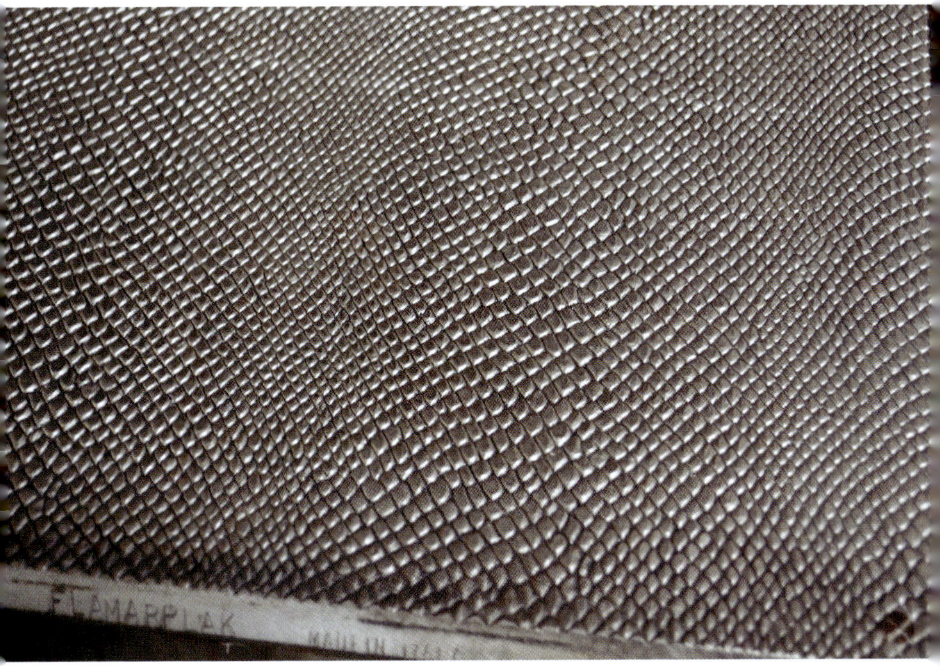

Retoque final manual. ———————————————

Máquina de amaciamento. ———————————————

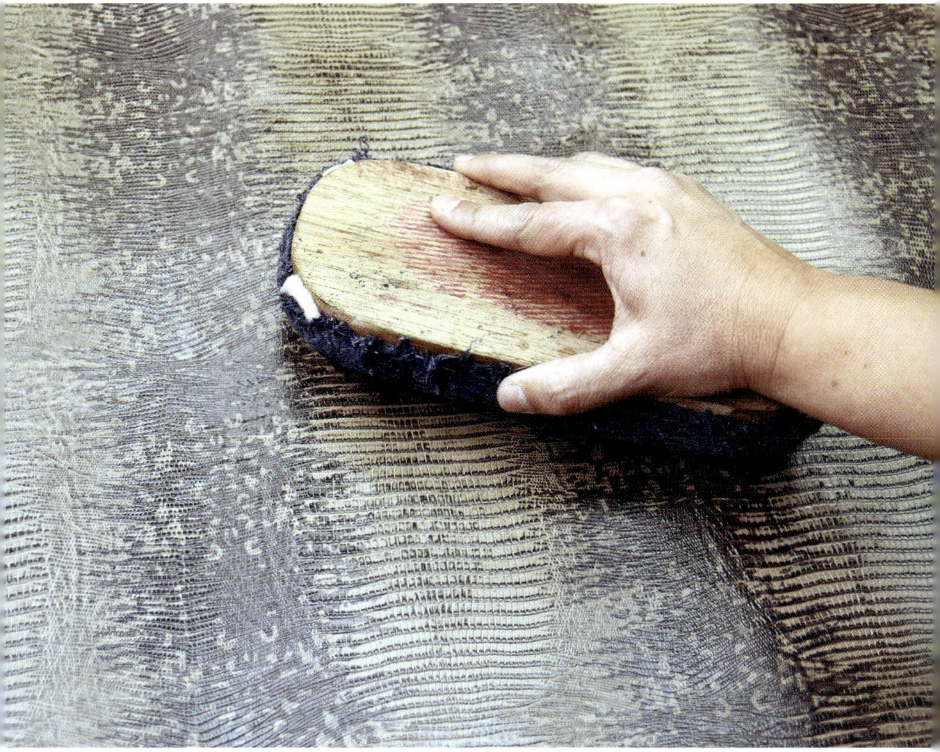

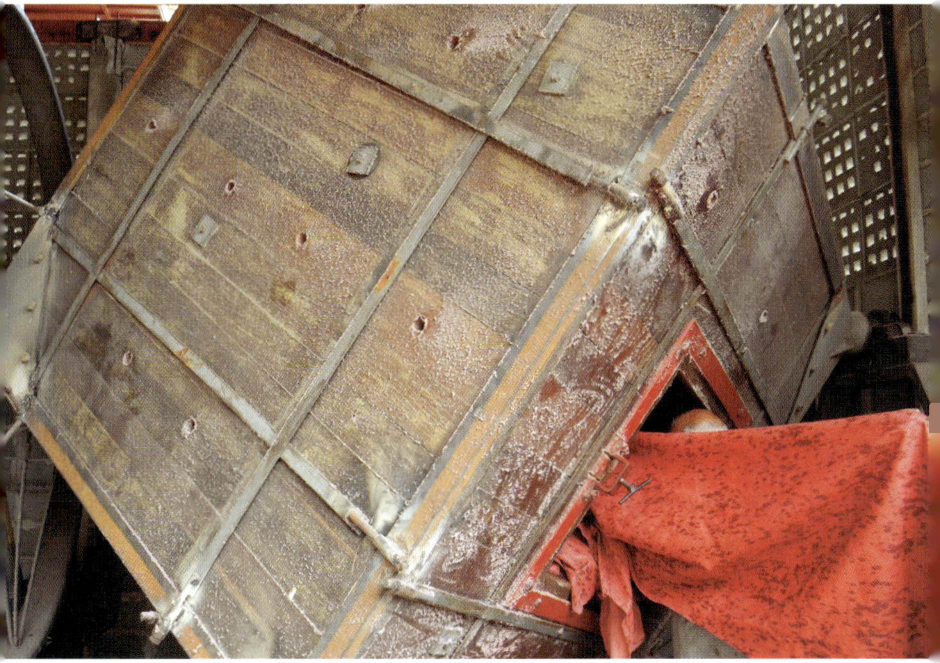

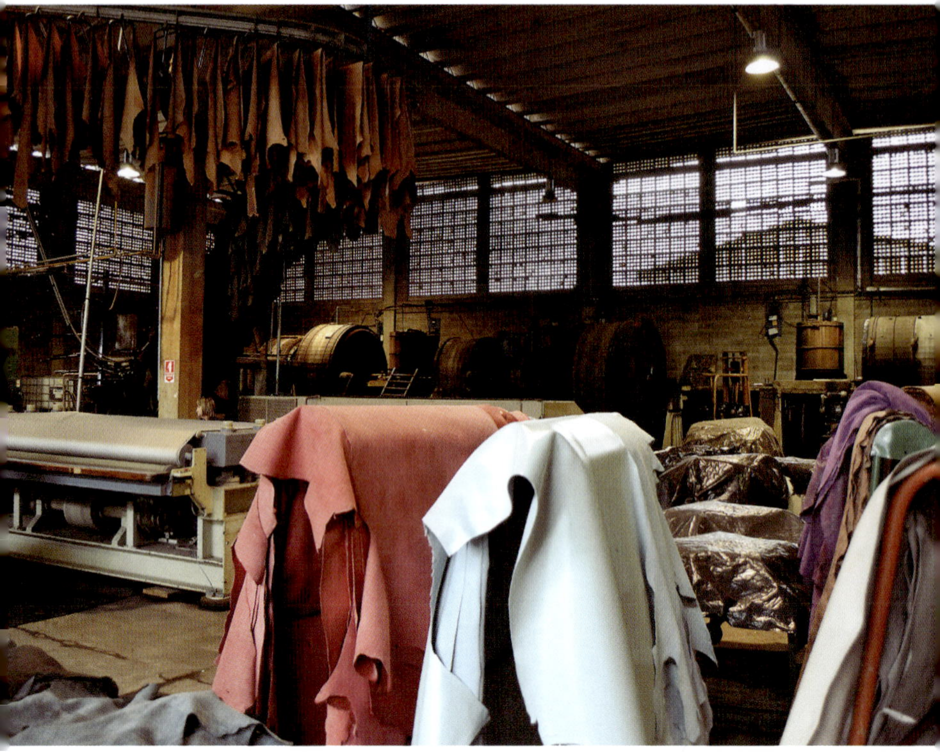

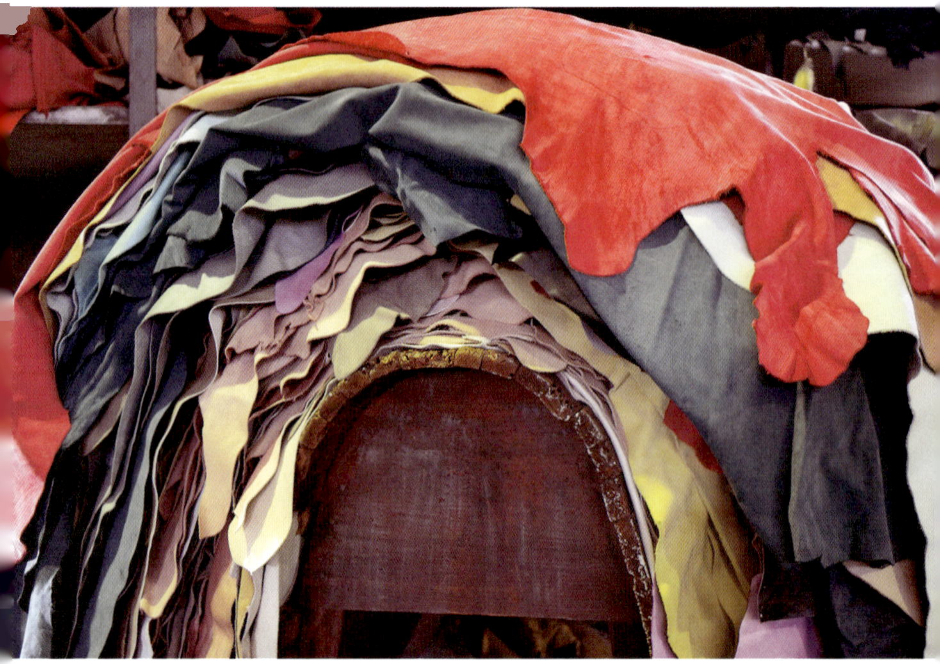

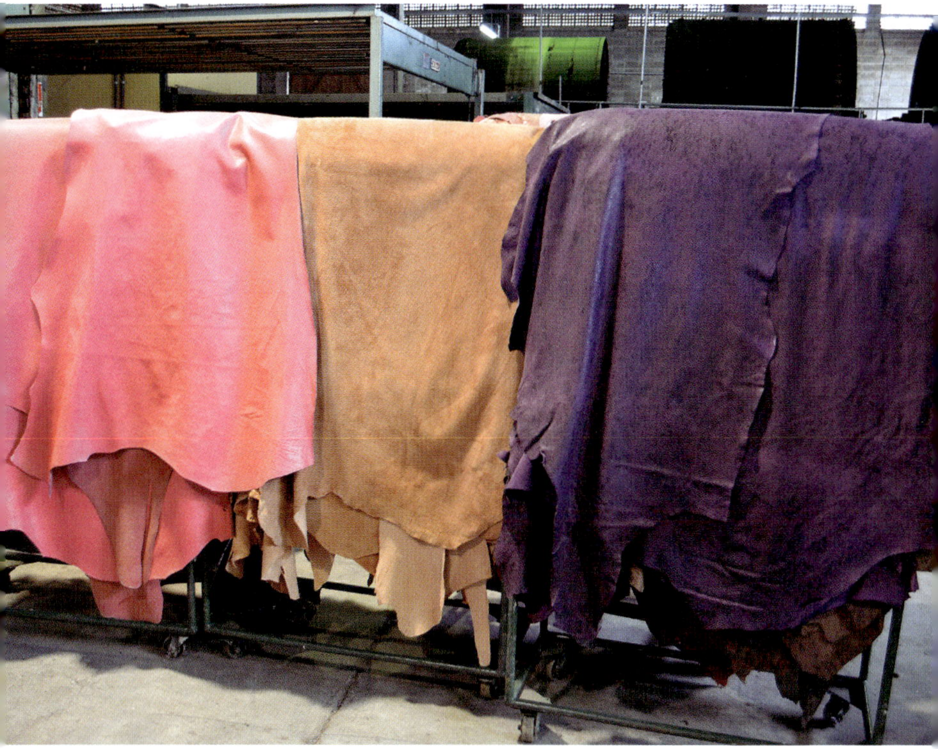

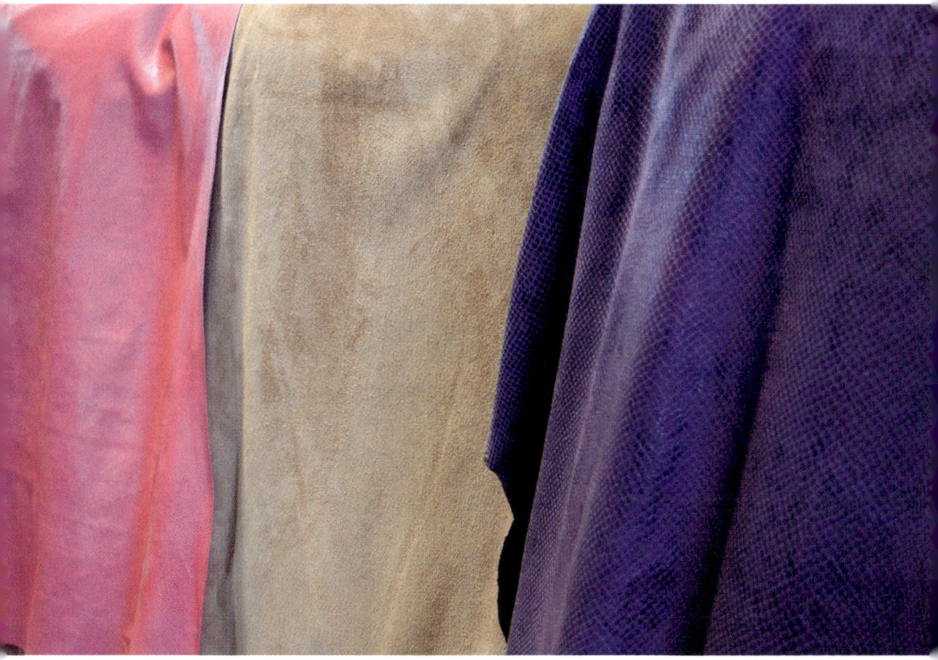

Para conhecer a alma do couro, você precisa entrar no seu universo.

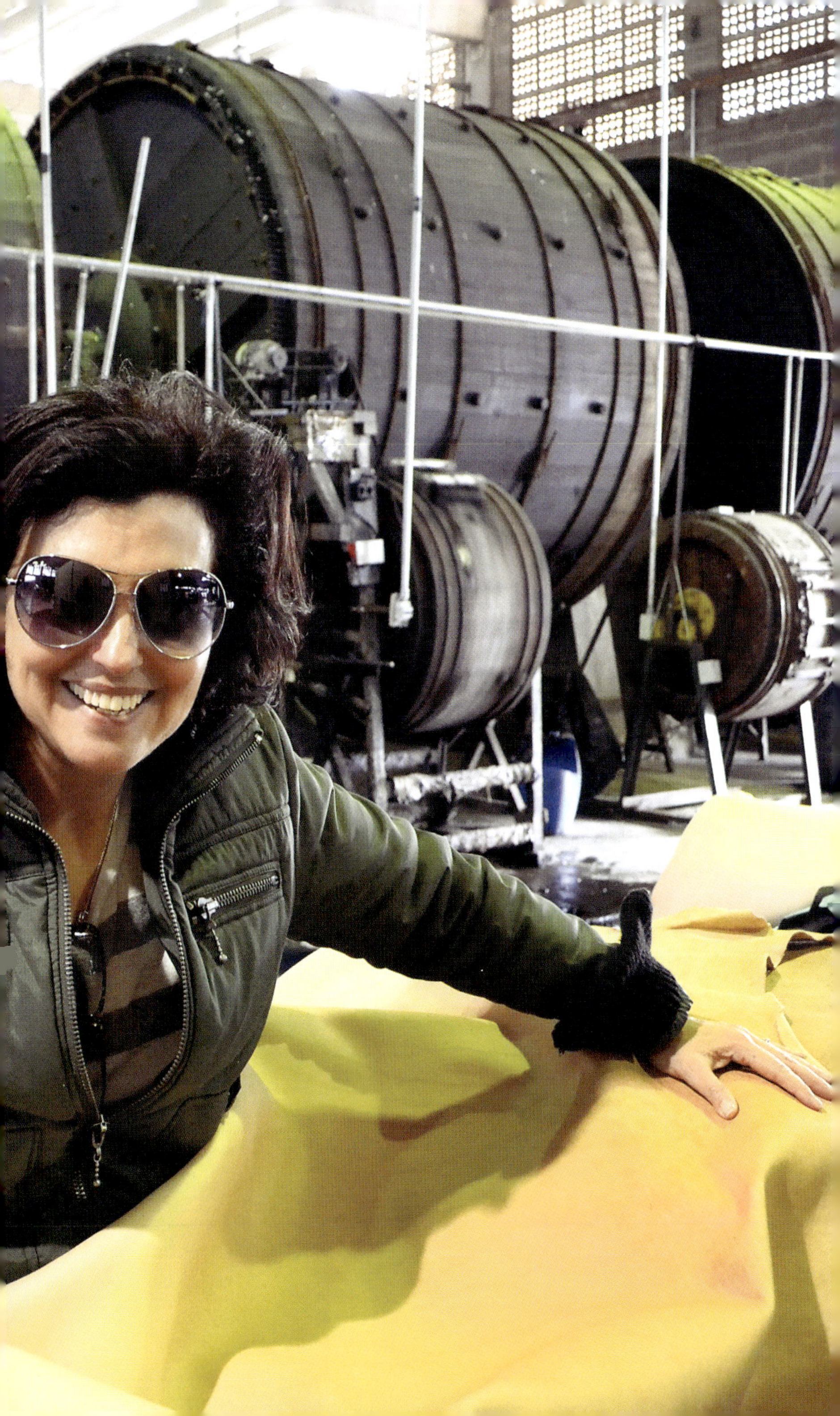

FLUXOGRAMA DO PROCESSO

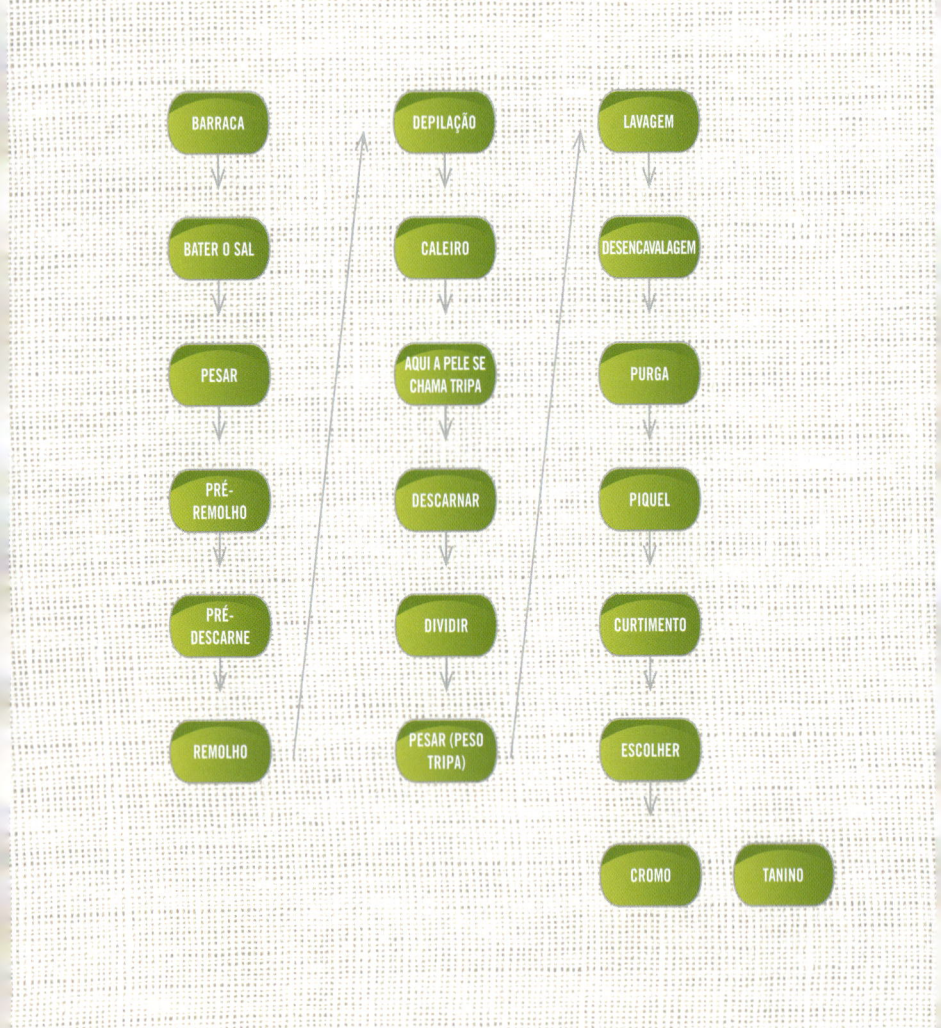

- BARRACA
  - ↓
- BATER O SAL
  - ↓
- PESAR
  - ↓
- PRÉ-REMOLHO
  - ↓
- PRÉ-DESCARNE
  - ↓
- REMOLHO

- DEPILAÇÃO
  - ↓
- CALEIRO
  - ↓
- AQUI A PELE SE CHAMA TRIPA
  - ↓
- DESCARNAR
  - ↓
- DIVIDIR
  - ↓
- PESAR (PESO TRIPA)

- LAVAGEM
  - ↓
- DESENCAVALAGEM
  - ↓
- PURGA
  - ↓
- PIQUEL
  - ↓
- CURTIMENTO
  - ↓
- ESCOLHER
  - ↓
- CROMO / TANINO

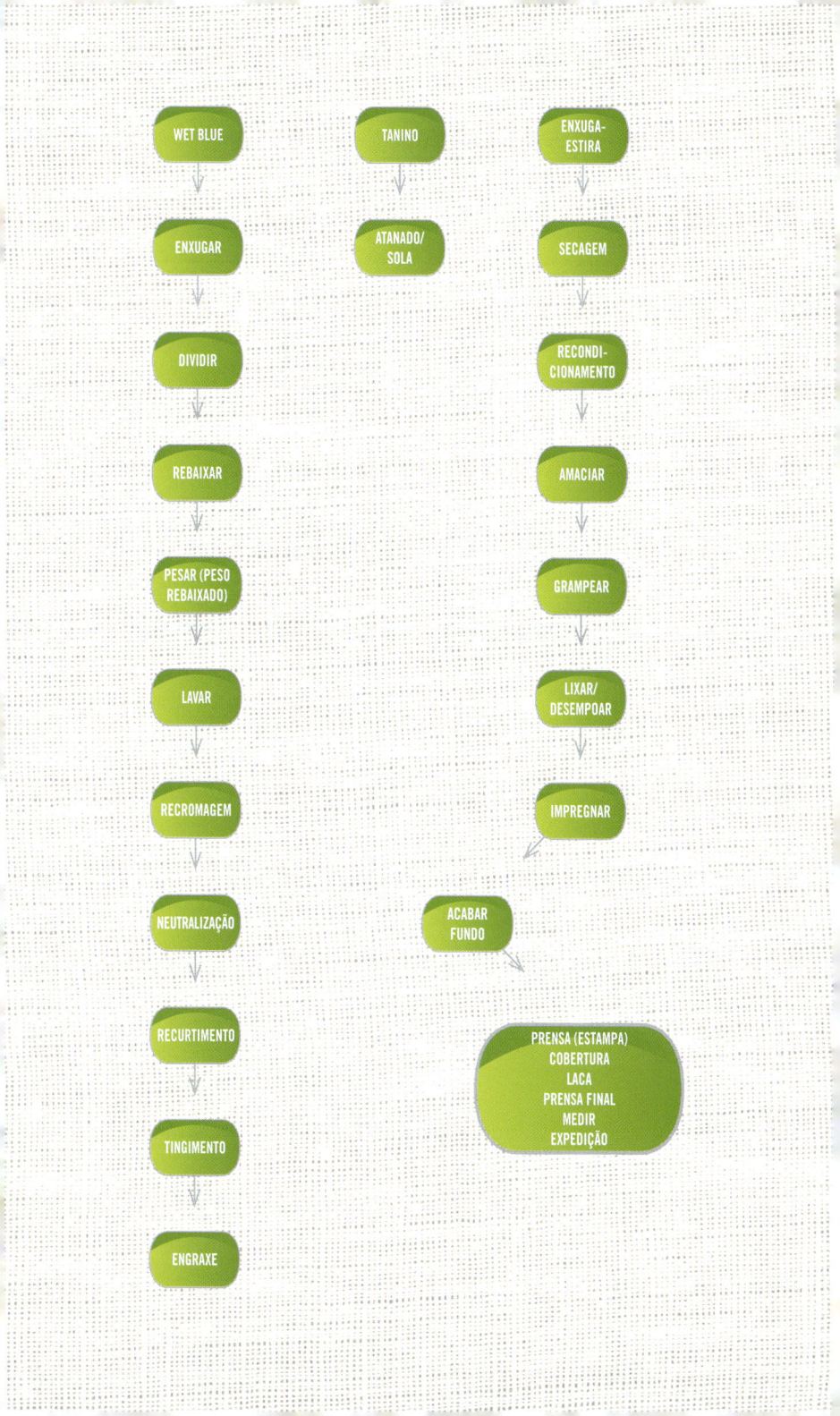

```
WET BLUE                TANINO              ENXUGA-ESTIRA
   ↓                       ↓                      ↓
ENXUGAR                ATANADO/              SECAGEM
   ↓                    SOLA                     ↓
DIVIDIR                                      RECONDI-
   ↓                                         CIONAMENTO
REBAIXAR                                         ↓
   ↓                                         AMACIAR
PESAR (PESO                                      ↓
REBAIXADO)                                   GRAMPEAR
   ↓                                             ↓
LAVAR                                        LIXAR/
   ↓                                         DESEMPOAR
RECROMAGEM                                       ↓
   ↓                                         IMPREGNAR
NEUTRALIZAÇÃO                                    ↓
   ↓                  ACABAR
RECURTIMENTO          FUNDO
   ↓                     ↓
TINGIMENTO           PRENSA (ESTAMPA)
   ↓                 COBERTURA
ENGRAXE              LACA
                     PRENSA FINAL
                     MEDIR
                     EXPEDIÇÃO
```

COUROS NATURAIS EXÓTICOS

COURO DE ARRAIA

A pele de arraia é a nova tendência da moda no mercado mundial da pele. Essa pele tem um toque de classe, estilo e distinção para acessórios, joias, carteiras, bolsas, cintos e pulseiras de relógio.

Seu desenho perolado faz toda a diferença, pois possui um brilho de joia. Não existe nada no mundo das peles exóticas que se compare a esse tipo de couro. Sua durabilidade é outro ponto forte: chega a ser 25 vezes mais resistente que o couro bovino. A medida das peles varia em 30 centímetros. A mancha branca é por onde a arraia respira.

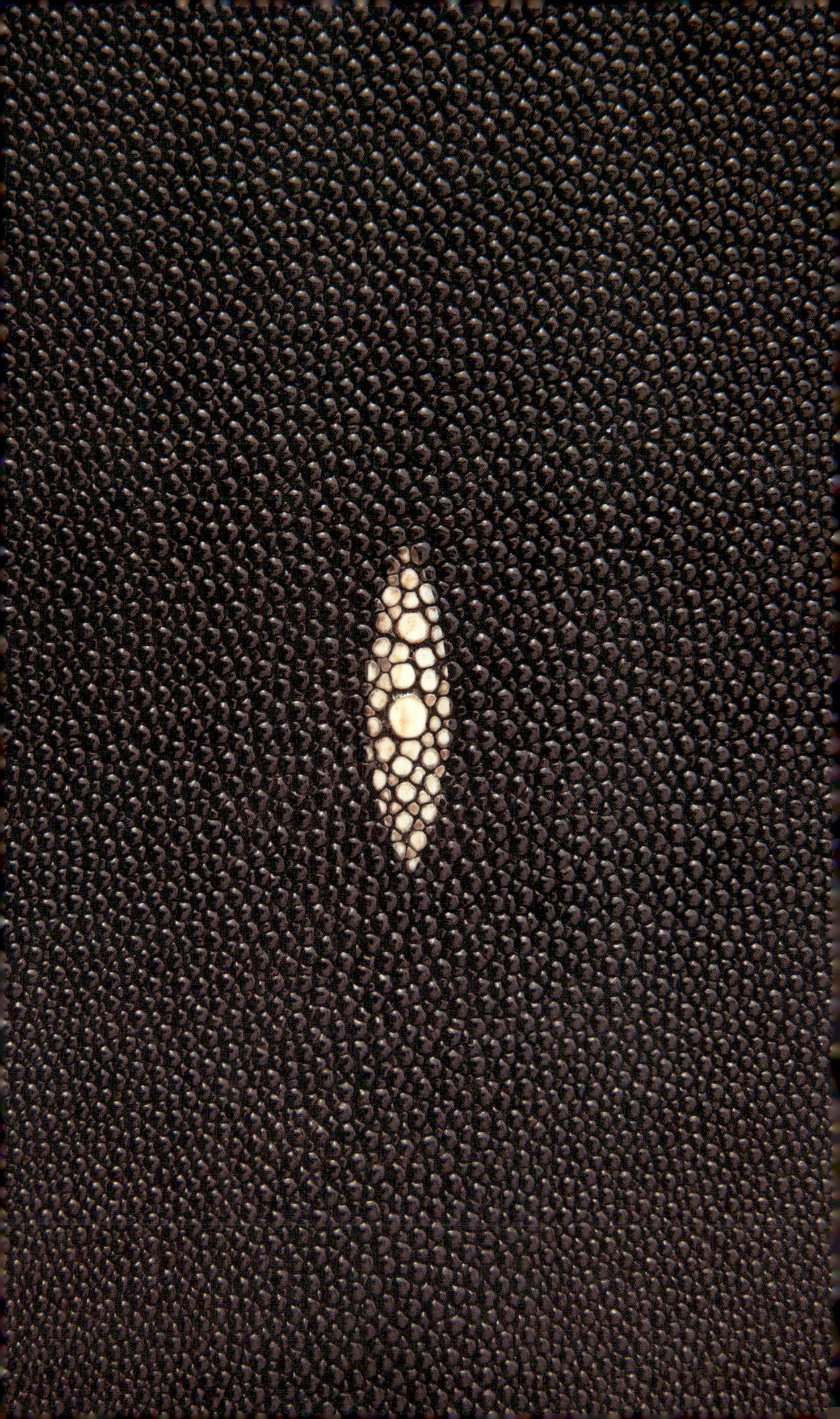

COBRA D'ÁGUA

Naja, Bucata e Karung são cobras exóticas em tamanhos menores e com diversos desenhos. Os preços são mais acessíveis. São utilizadas em bolsas, sapatos e vestuário.

COURO DE COBRA PÍTON

Esta cobra entra na lista dos exóticos mais desejados, assim como o jacaré. É utilizada em diversos segmentos pela sua resistência e leveza, que possibilita sua aplicação em trabalhos mais delicados. O desenho de cada cobra é único, portanto, nunca haverá uma cobra com o mesmo desenho de outra.
Composição: 100% couro de cobra.

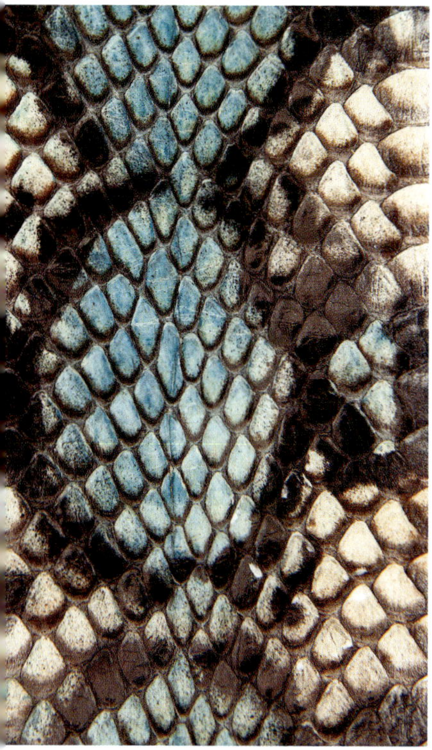

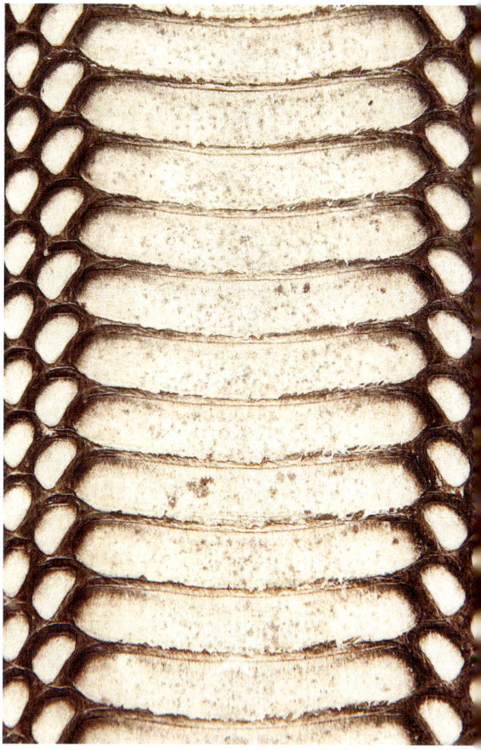

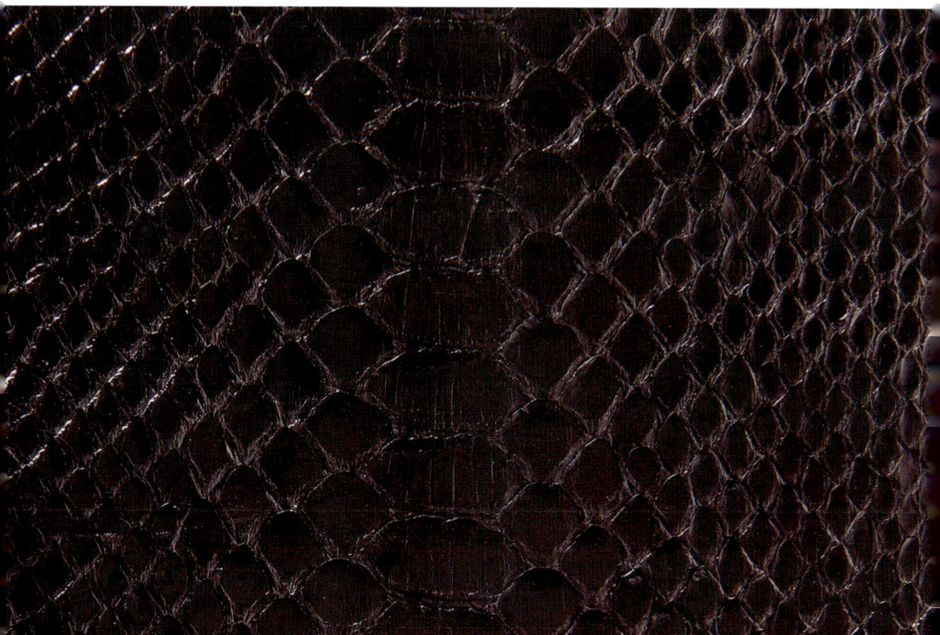

COURO DE BUCHO DE BOI

O bucho do boi depois de curtido fica com um aspecto de conchinhas, o que encantou diversos estilistas, sendo considerado um couro exótico com desenho único. Não tem muita resistência, mas seu toque e desenho são especiais. É usado para detalhes em todo tipo de material.

Composição: 100% couro de bucho bovino.

COURO DE TILÁPIA

Dos couros de peixe, o mais utilizado é o da tilápia. Ele tem o aspecto de uma camurça, é fosco e tem escamas com um desenho único no couro, dando um charme que só ele consegue ter. Outros couros de peixe são utilizados, como a pescada, salmão, entre outros.

Composição: 100% couro de peixe.

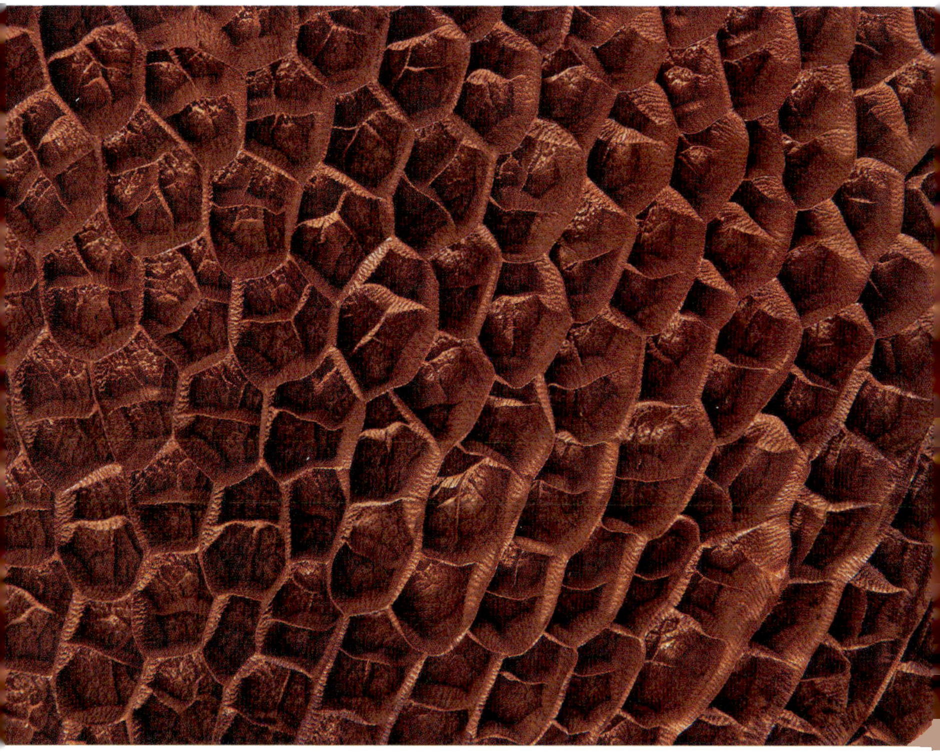

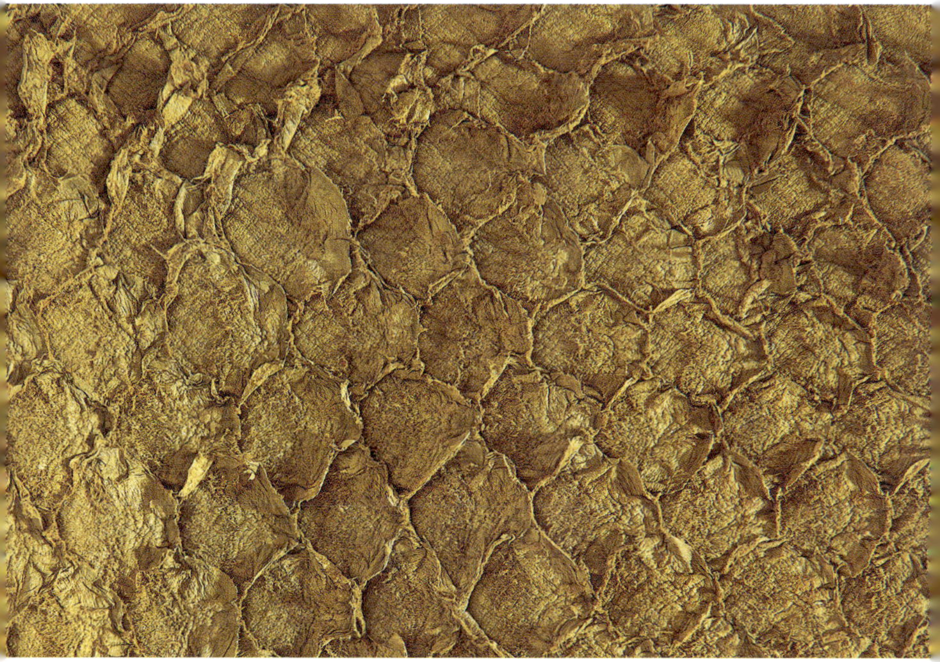

COURO DE AVESTRUZ

Da família dos couros exóticos, o couro de avestruz, por suas penas serem muito grossas, apresenta certas calosidades que dão um desenho único ao material. Depois de curtido, consegue-se um toque único. É atualmente usado para calcados e bolsas de alto padrão. O couro é realmente muito mais caro pelo aproveitamento que a pele dá.

Composição: 100% couro de avestruz.

COURO DE CANELA DE AVESTRUZ

Por ter um desenho diferente e bonito, a canela de avestruz é usada para confecção de bolsas, calçados e acessórios, sendo um artigo com toque mais rígido para peças armadas.

Composição: 100% couro de canela avestruz.

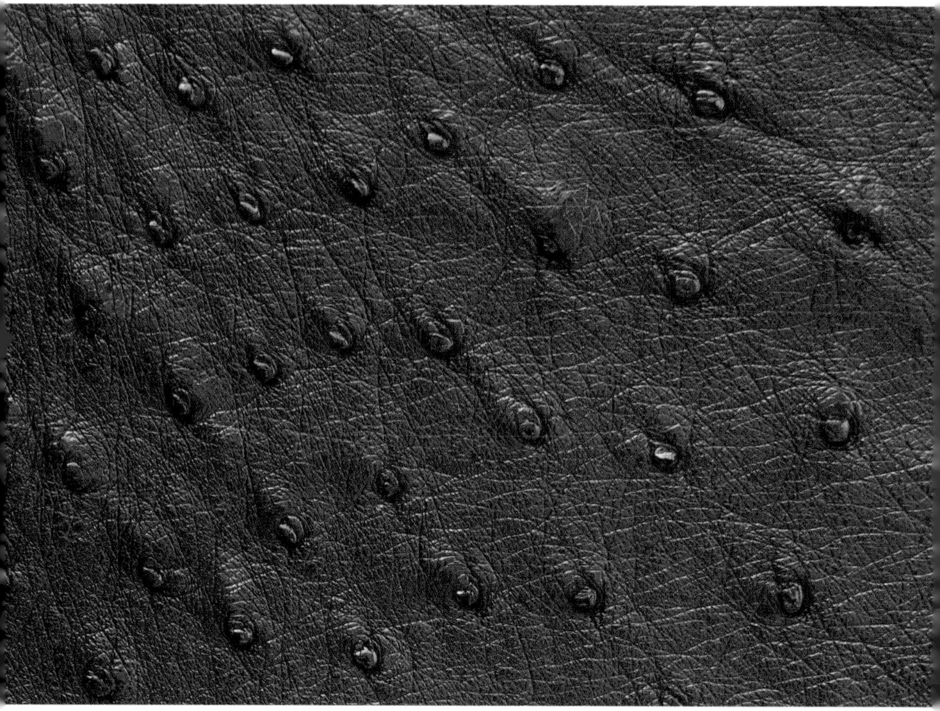

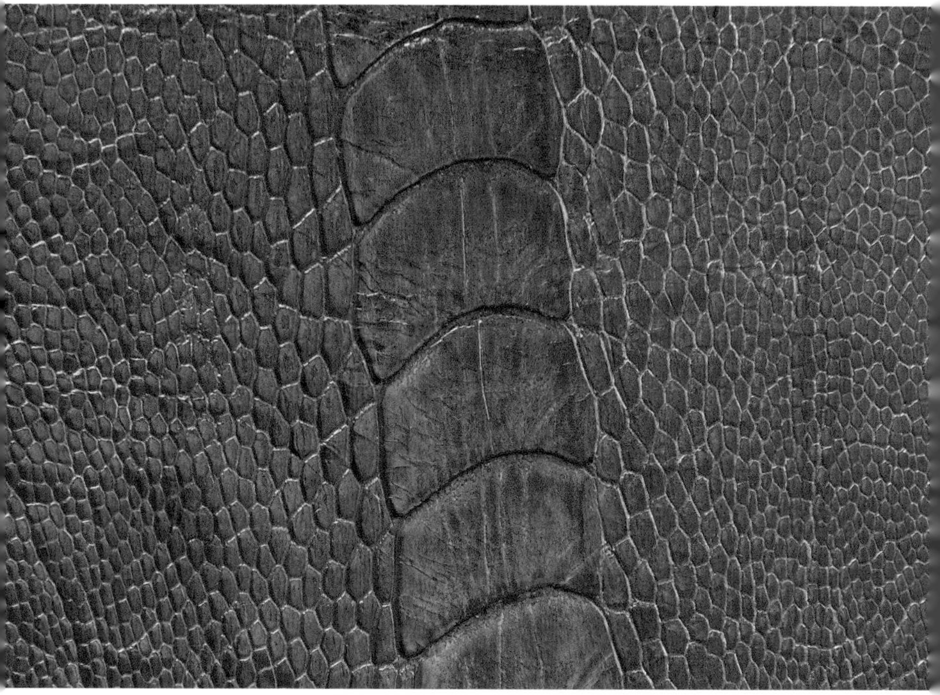

COURO DE JACARÉ

Outro couro da linha dos exóticos, o couro do jacaré é conhecido mundialmente pelas carteiras e pastas. Tradicional e elegante, é usado também para outros acessórios e calçados finos, principalmente os masculinos. Tem resistência acima do normal e é possível conseguir um brilho natural muito interessante.

Composição: 100% couro de jacaré.

COURO DE LÉZARD AFRICANO

O lagarto conhecido como lézard produz um couro exótico com lindos desenhos menores, brilho natural e alta resistência. Quando aplicado, enobrece calçados e acessórios.

Composição: 100% couro de lagarto.

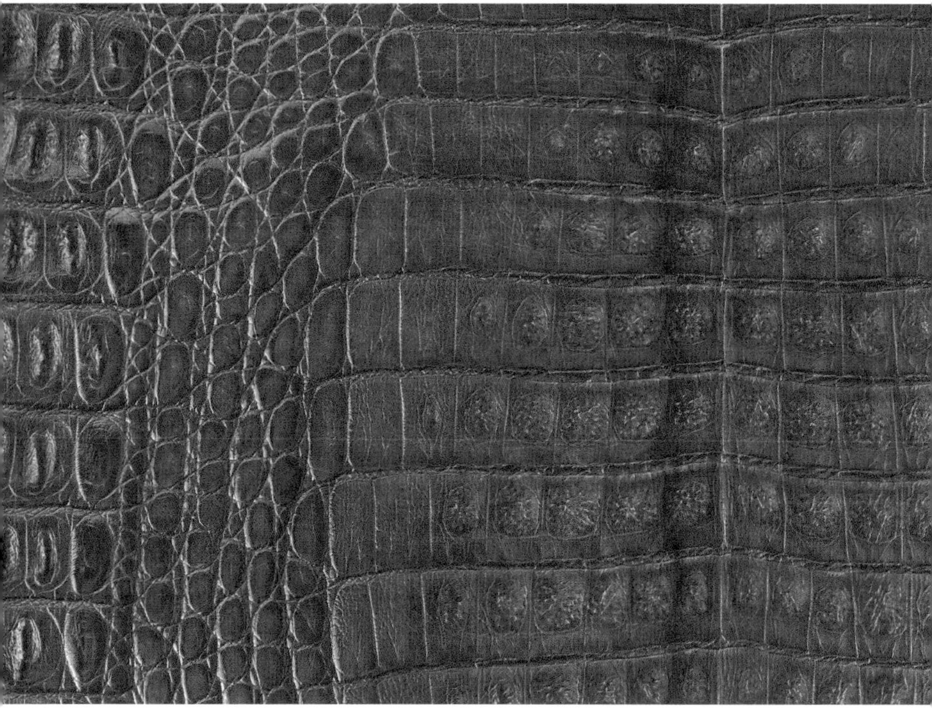

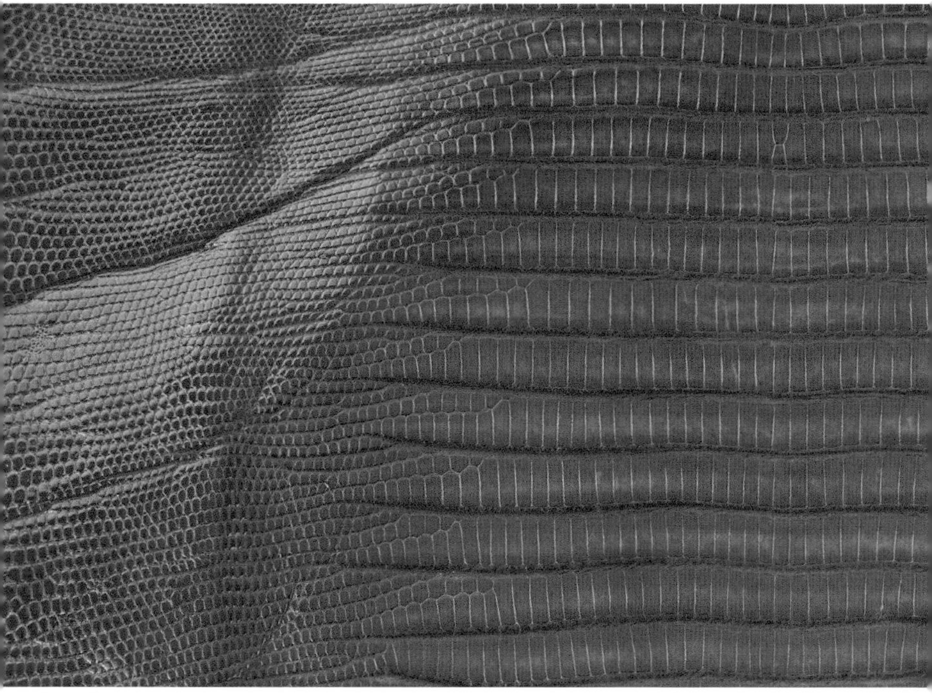

COURO PELICA

Trata-se de um couro de cabra, com toque macio e muito usado para sapatos mais clássicos e carteiras. Possui um acabamento mais corretivo (para corrigir as irregularidades da pele, porém com uma maciez melhor que o couro bovino).
Composição: 100% couro de cabra.

COURO DE MESTIÇO

O mestiço nasce do cruzamento de uma cabra com um carneiro. O couro tem maciez e nobreza e é certamente o melhor para vestuário.
Composição: 100% couro bovino.

CAMURÇA DE CABRA

Tipo de couro felpudo feito com a parte de baixo da pele de cabras, porcos, bezerros, cervídeos e, principalmente, cordeiros. Exclui-se a camada de pele exterior do animal (mais grossa), por isso menos durável (no entanto, mais macia) que o couro comum. A suavidade, leveza e flexibilidade do material tornam satisfatório seu uso no vestuário e em outras aplicações que exigem materiais delicados, como luvas. Também é popular em tapeçaria, calçados, bolsas e como forro para produtos de couro.
Composição: 100% couro caprino.

CHAMOIS

É o couro mestiço com acabamento acamurçado. Ideal para vestuário, é a parte interna do mestiço.
Composição: 100% couro ovino.

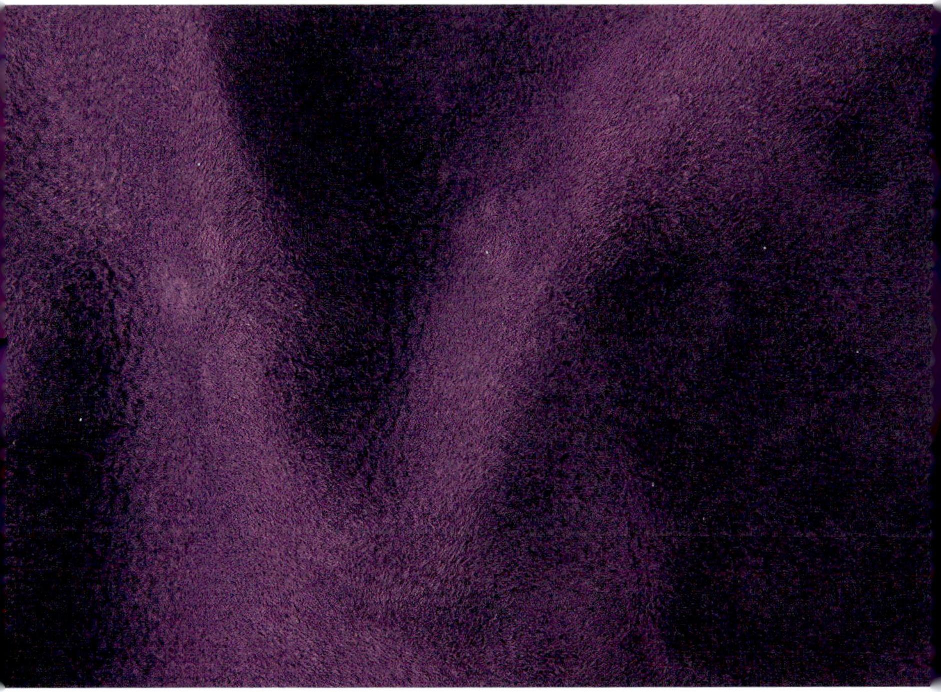

CROMO ALEMÃO

Procedente da Alemanha, com acabamento muito especial, permite durabilidade e uniformidade. Este acabamento não existe por aqui. É específico para sapatos masculinos.
Composição: 100% couro bovino.

COURO DE BOI (ESPECIAIS)

COURO NONATO COM PELO SERIGRAFADO

Polêmico e exclusivo, dos couros com pelo este é o único que consegue um toque adequado para o vestuário, pois, como é do animal recém-nascido, a pele ainda é extremamente macia. Muitas pessoas não gostam dele por ser feito a partir do bezerro recém-nascido, porém vale lembrar que o animal é abatido para a obtenção da carne, o que torna o couro um subproduto. Usado para vestuário, acessórios e calçados de alto padrão.

Composição: 100% couro bovino.

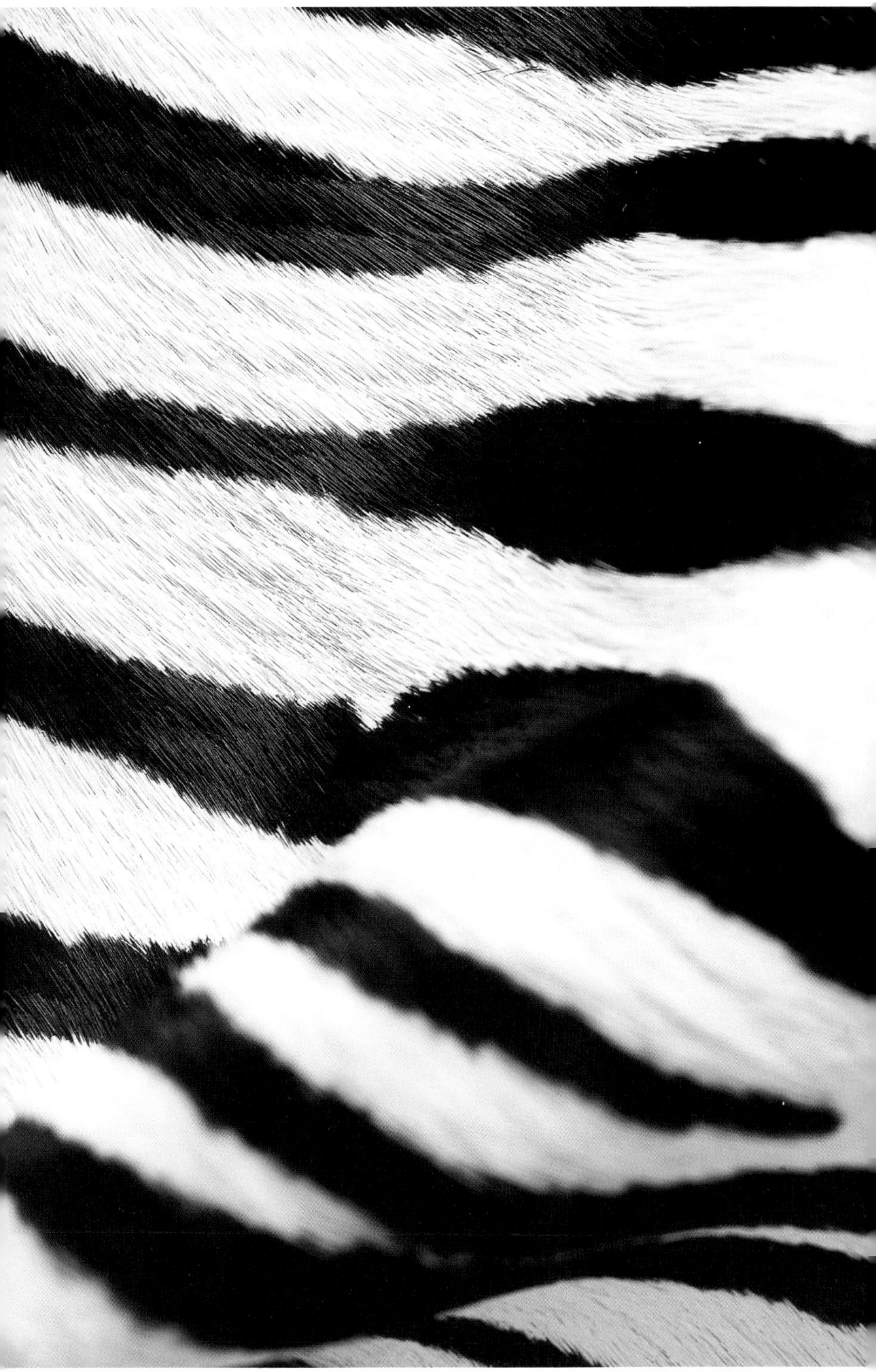

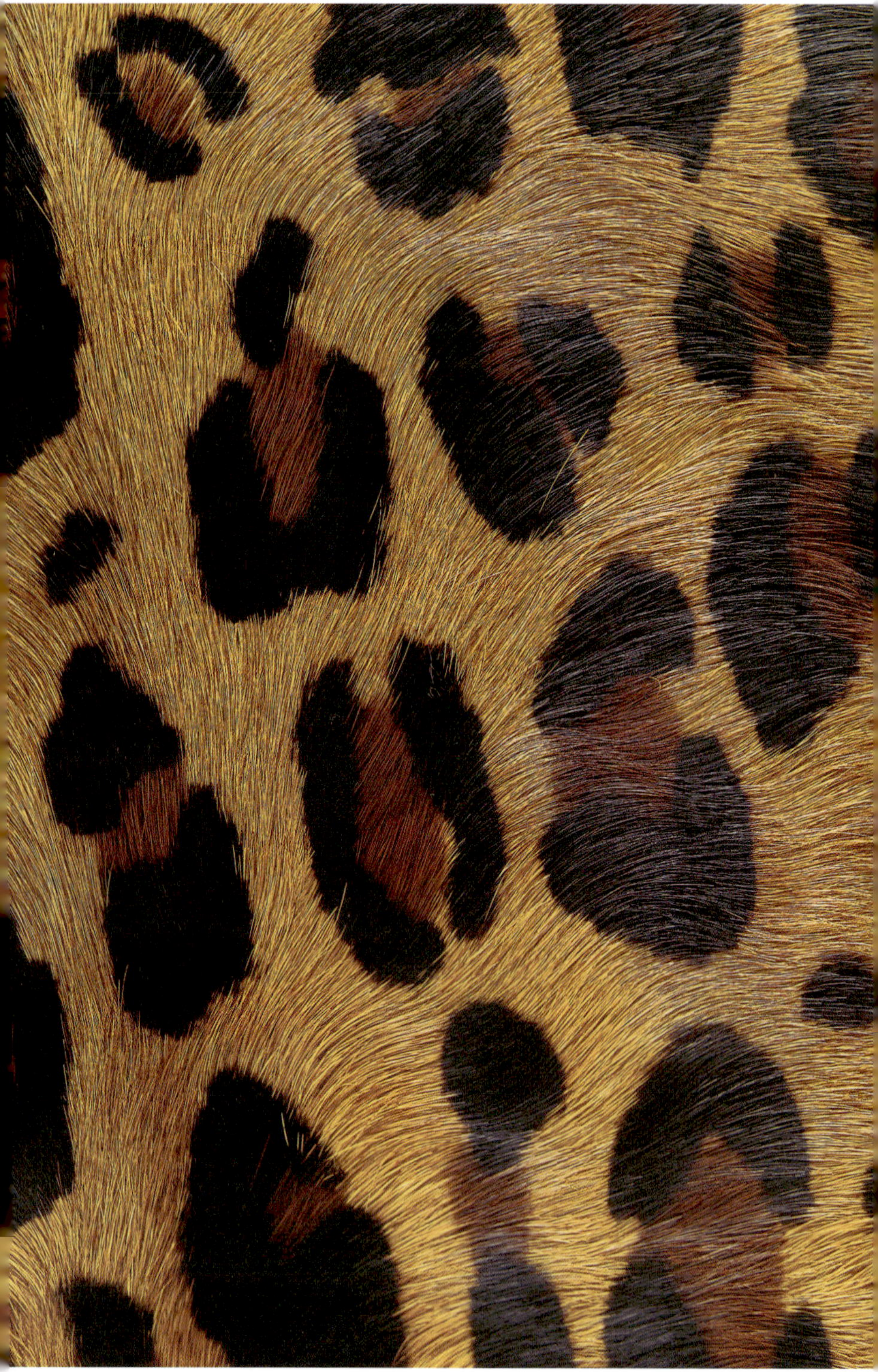

COUROS PRENSADOS (ESTAMPADOS)

AVESTRUZ SOFT
Couro estampado de avestruz com tamponado (efeito tom sobre tom), manual para dar a nuance do animal. É usado para todo tipo de aplicação.
Composição: 100% couro bovino.

LÉZARD TAMPONADO (EFEITO TOM SOBRE TOM)
Couro estampado em lézard e tamponado a mão. Tem maciez média e é muito usado para todo tipo de aplicação.
Composição: 100% couro bovino.

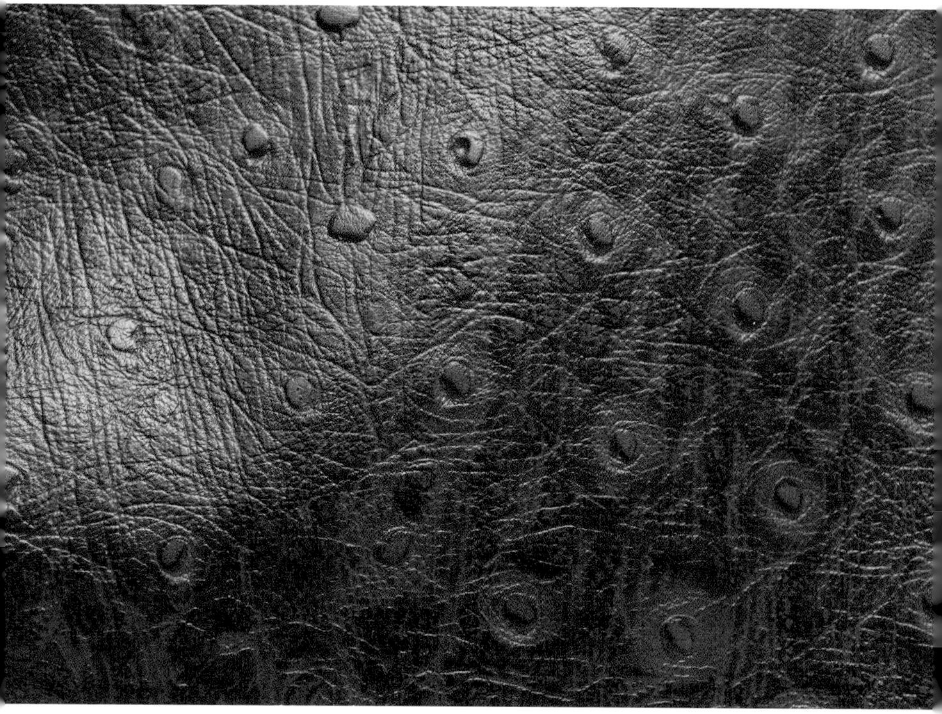

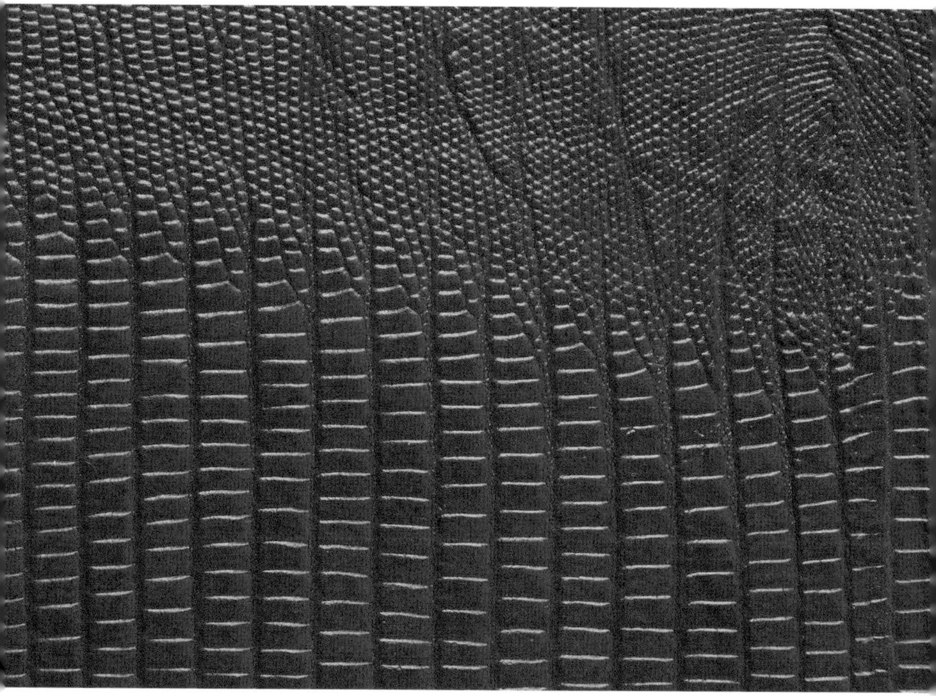

CROCODILO

Couro estampado em crocodilo tamponado a mão com efeitos para se assemelhar ao animal verdadeiro.
Composição: 100% couro bovino.

COBRA

Couro com estampa revestida de cobra e serigrafado com efeito escamado. É usado para todo tipo de aplicação.
Composição: 100% couro bovino.

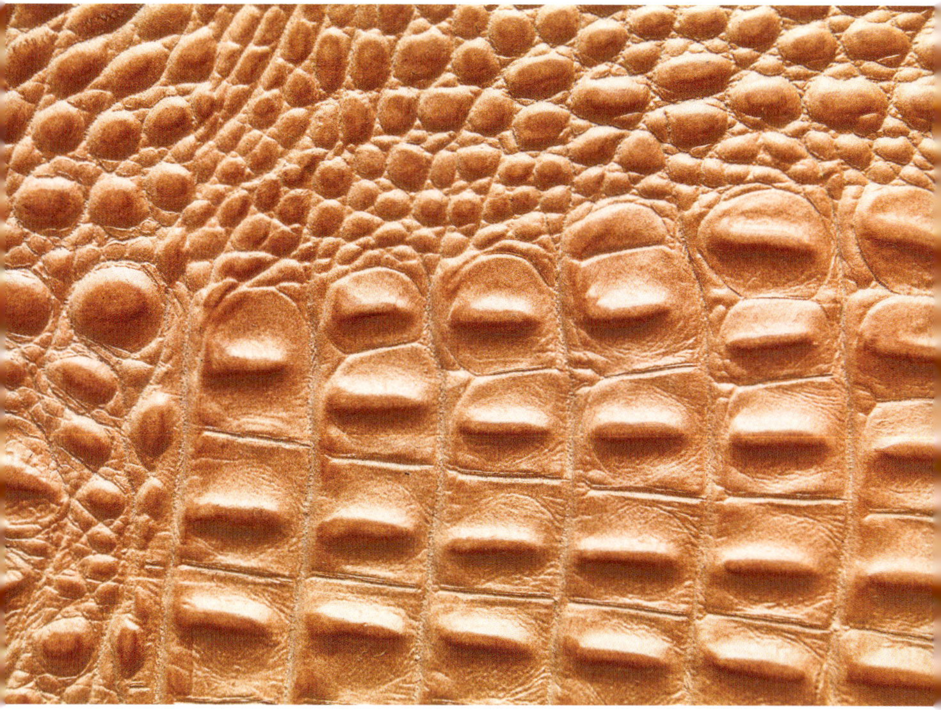

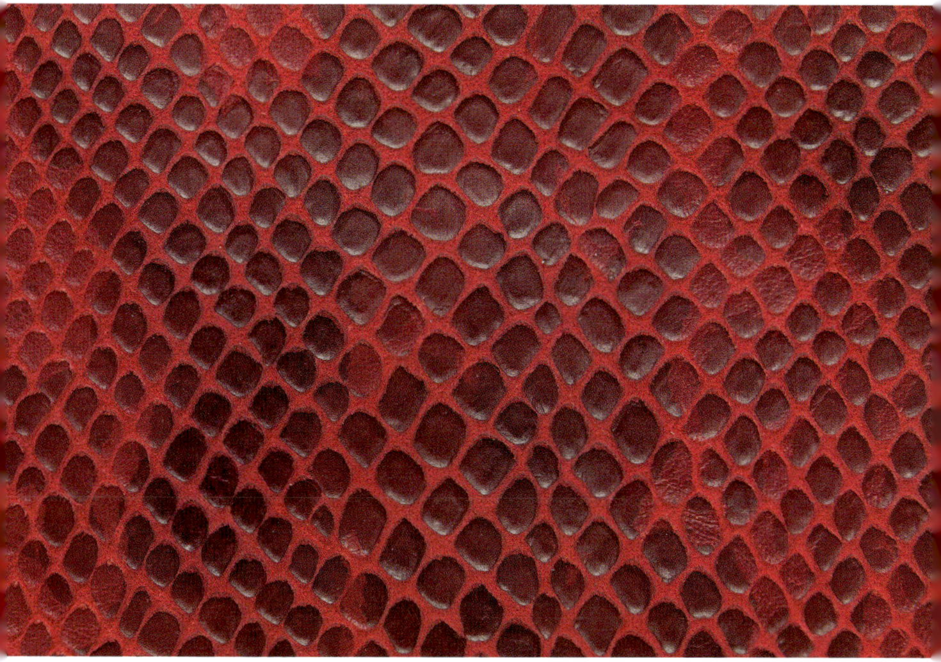

COURO DE BOI LISO OU NAPA

Artigo batido extra-macio mais usado para artefatos (bolsas, cintos, capas de livro).
Composição: 100% couro bovino.

FLOATER

Artigo batido extra-macio com estampa graúda. Perfeito para bolsas.
Composição: 100% couro bovino.

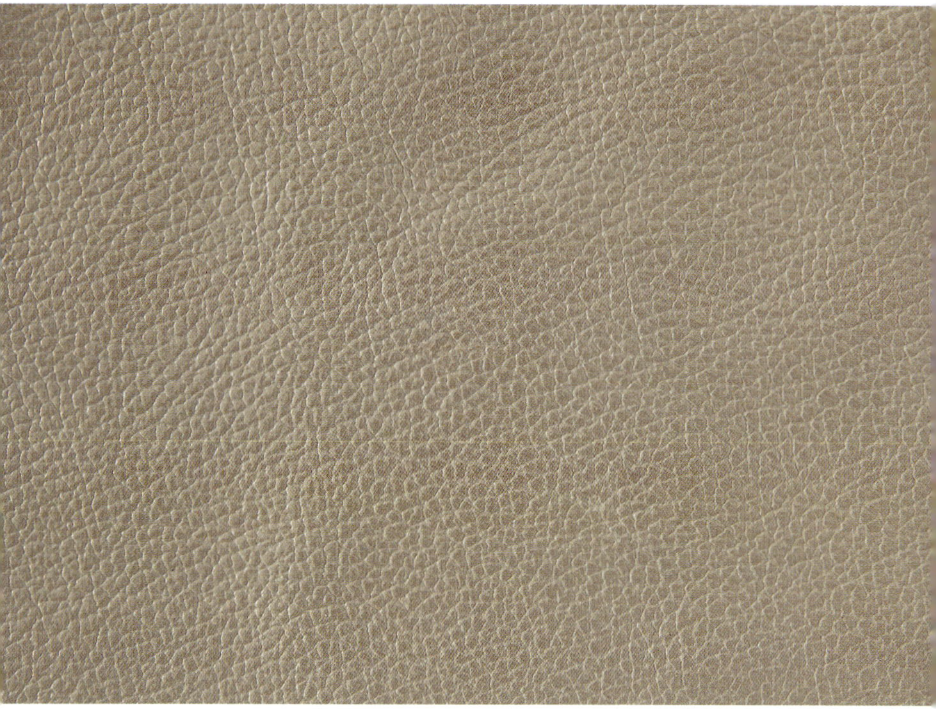

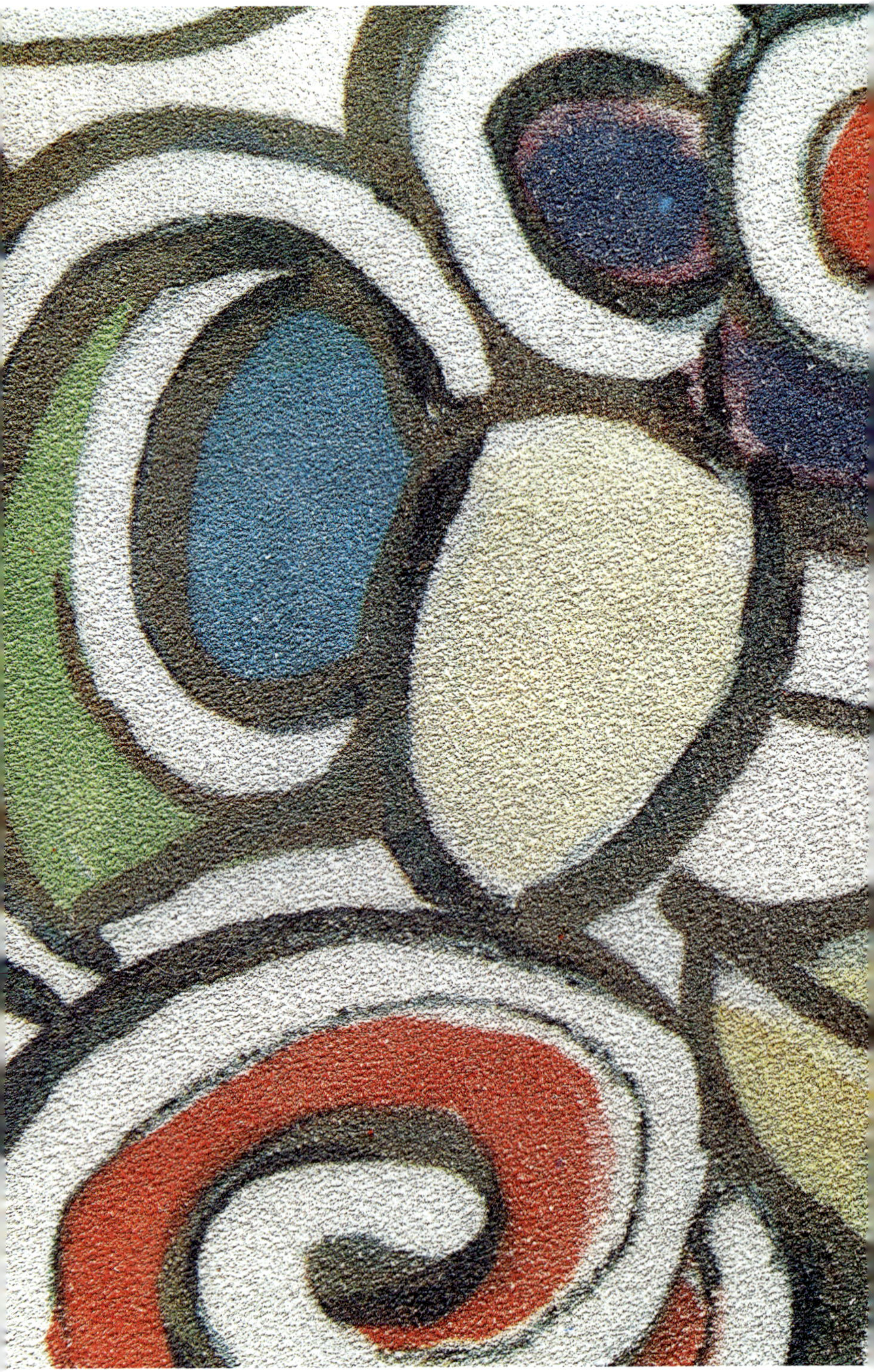

EXISTEM DIVERSOS ACABAMENTOS ARTESANAIS FEITOS TANTO NO COURO BOVINO QUANTO NO CAPRINO. TODOS, DE MODO GERAL, ENCARECEM O PRODUTO FINAL.

ACABAMENTO DE TATUAGEM NA PELE

É uma impressão digital no couro com uma tinta especial que preserva a característica desse couro.

ACABAMENTO CORTE A LASER

É feito por uma máquina que queima o couro, formando os desenhos, portanto o sistema não pode ser operado manualmente. O comando é feito a distância pelo computador.

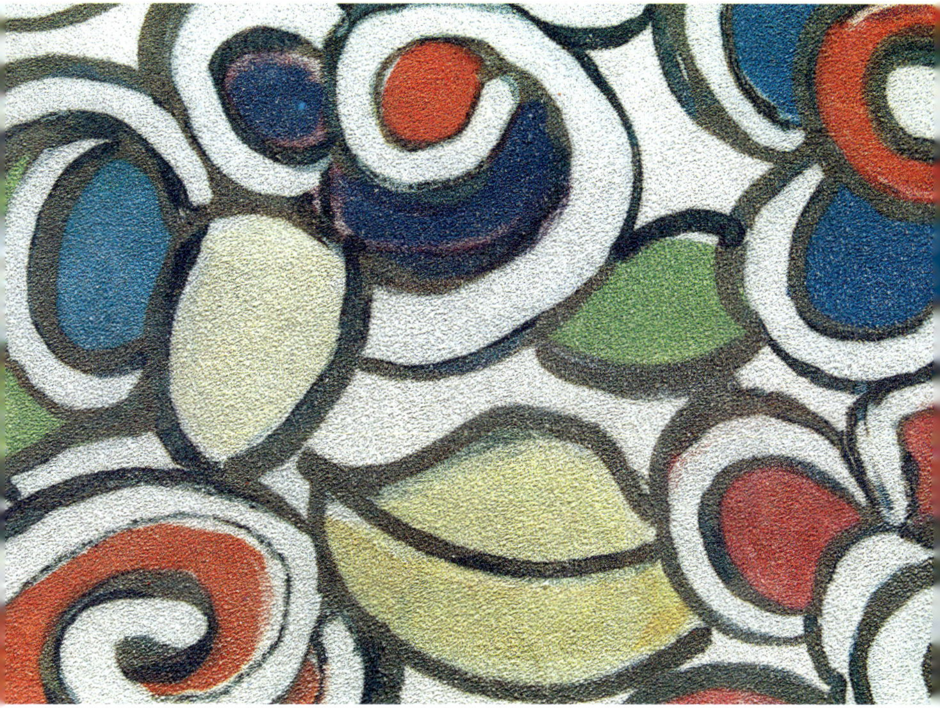

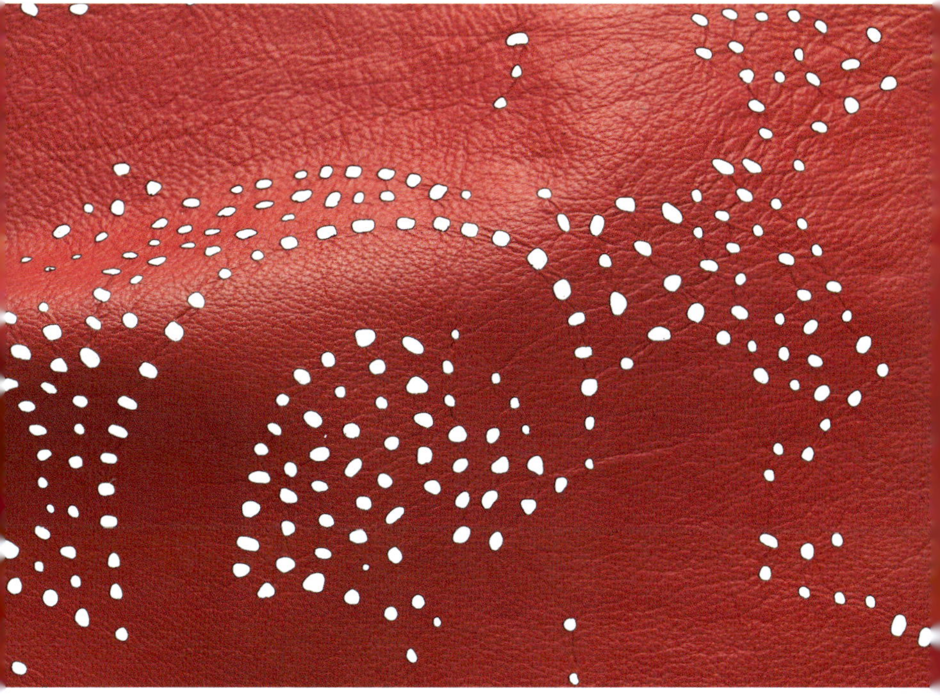

TRISSÊ

Acabamento entrelaçado no couro com aspecto natural.

BOX

Com um acabamento de alto brilho, é um couro firme (assemelha-se ao acabamento do cromo alemão, porém muito mais barato).

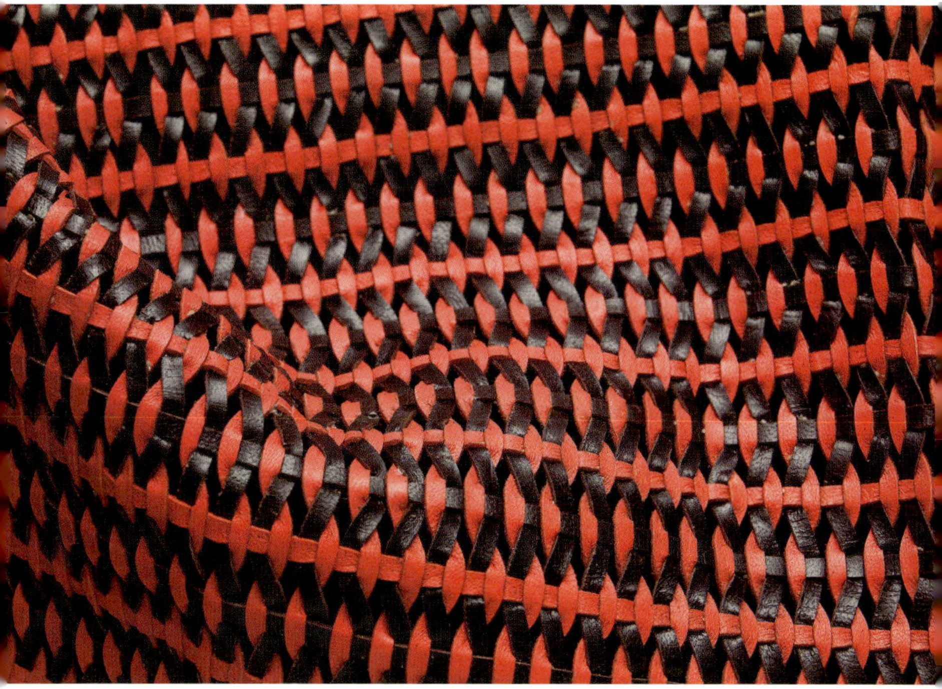

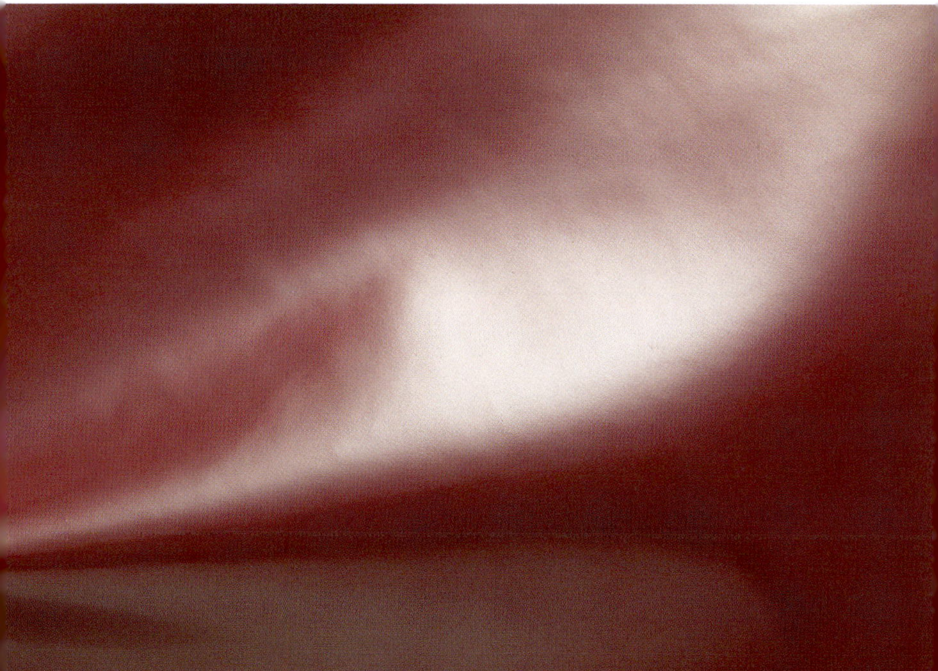

COBRA

Com tratamento específico (cortado a laser, às vezes a mão), aproxima-se o máximo possível da cobra original. Composição: 100% couro bovino.

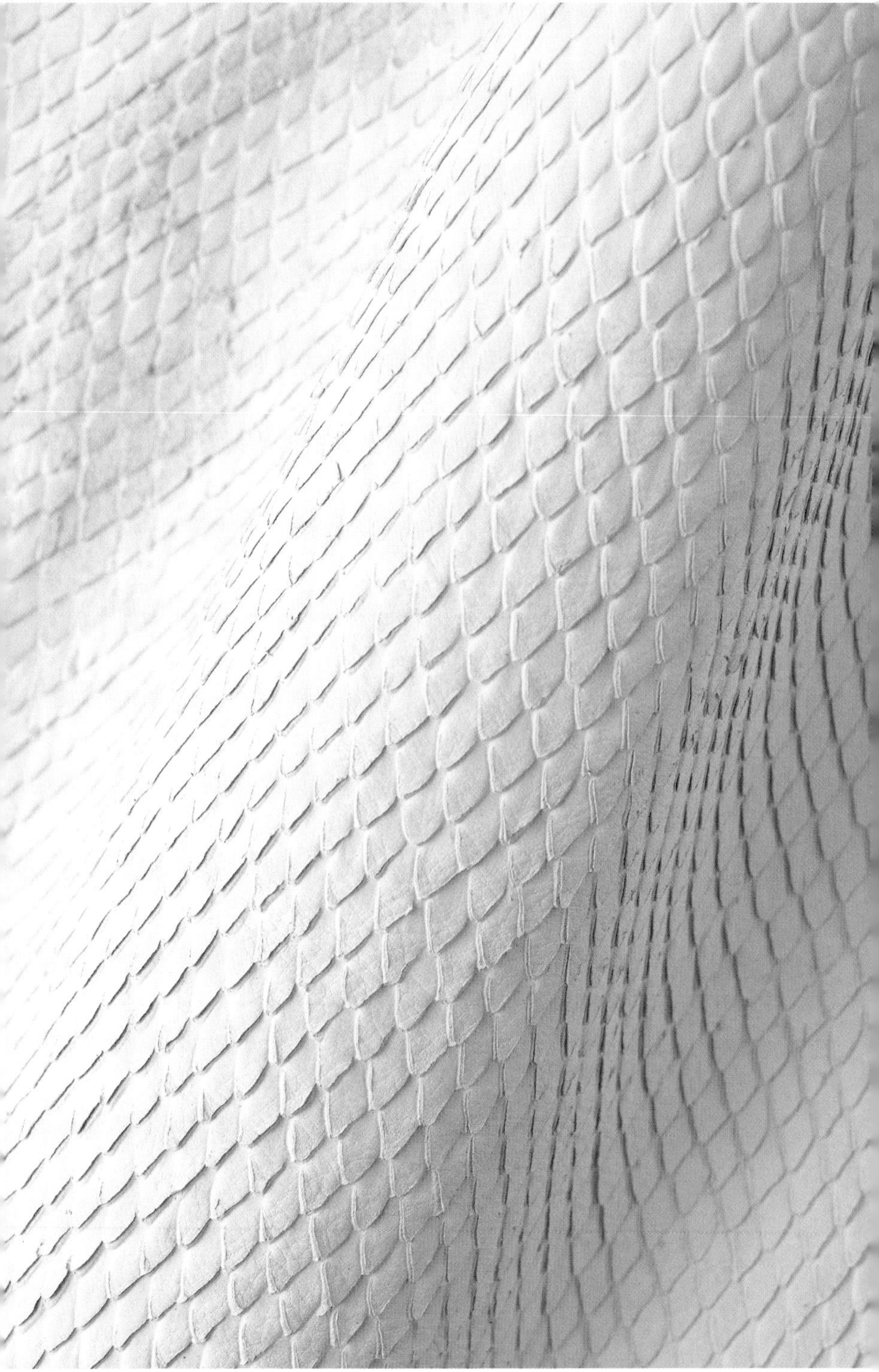

PRENSADO

Couro prensado alto relevo.

FILETADO A LASER

Couro cortado a laser com fixação de rebites.

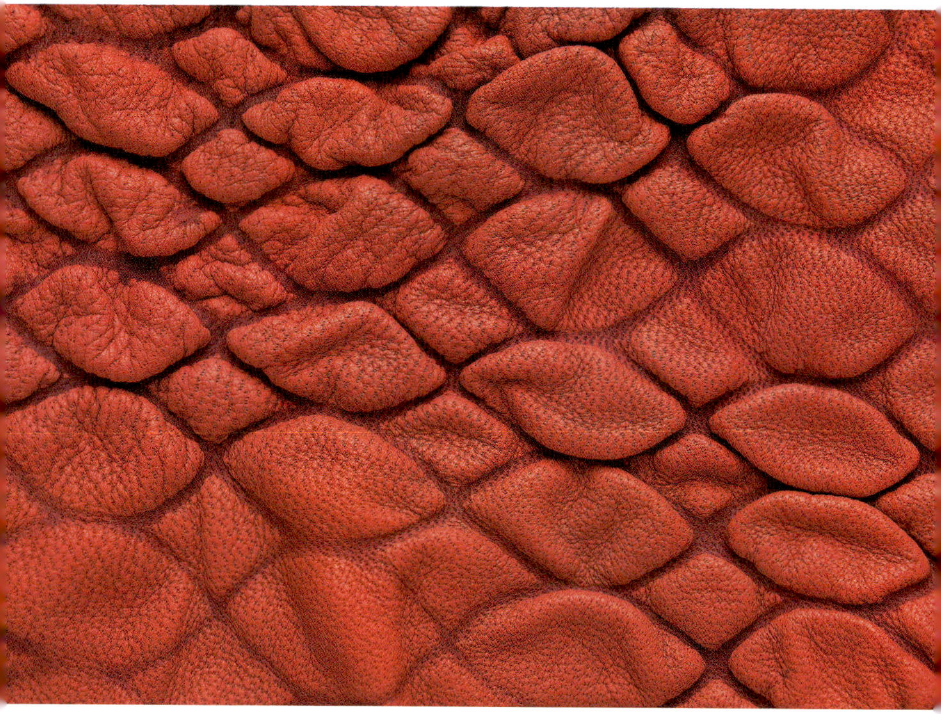

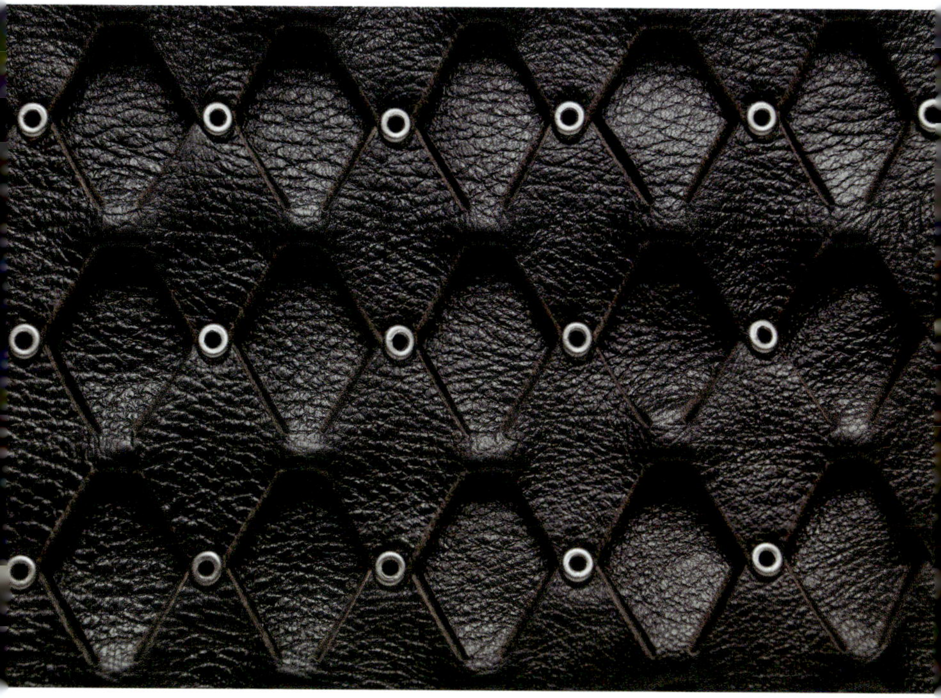

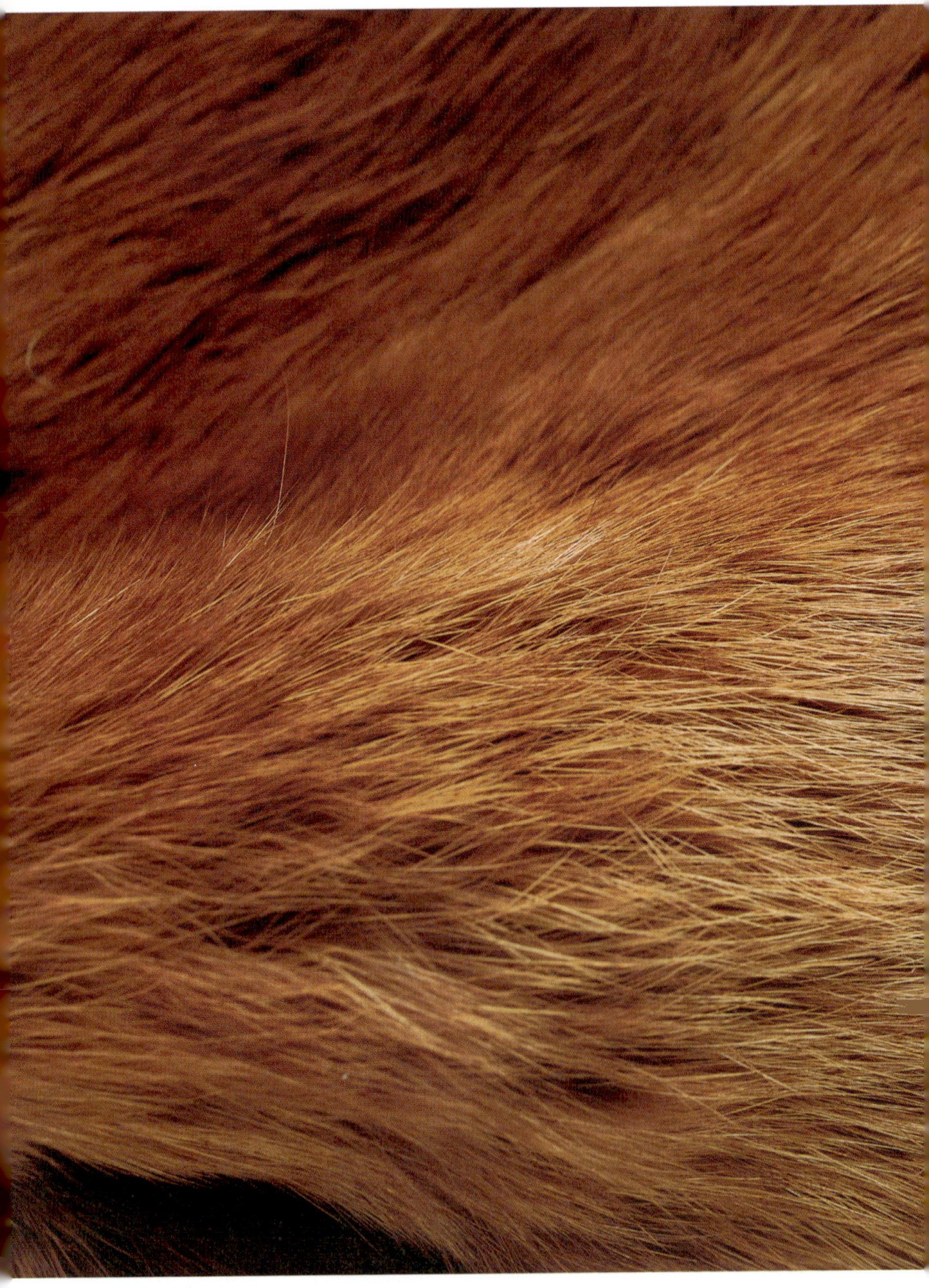

PELOS

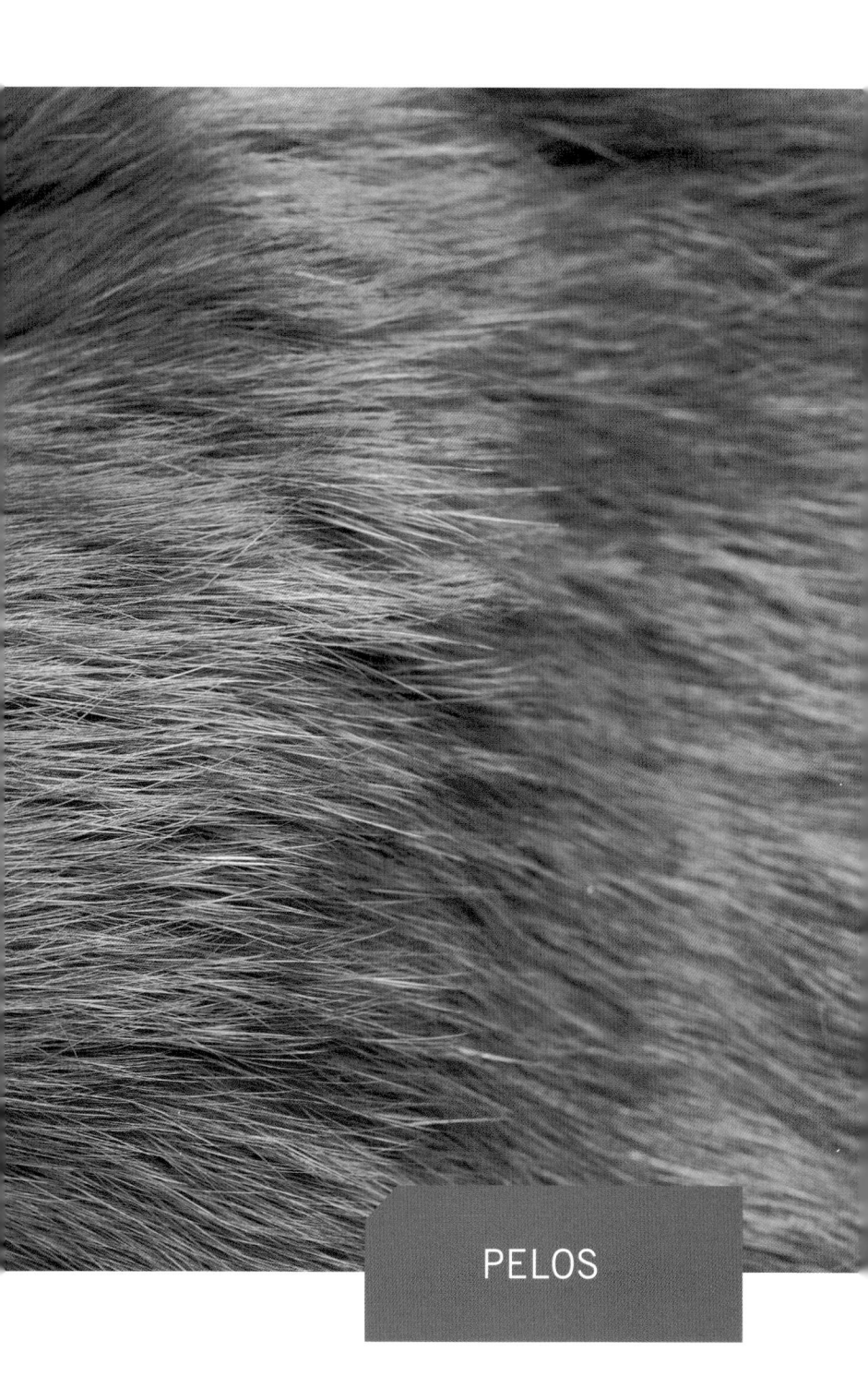

COURO DE COELHO

A pele de coelho entra para lista dos artigos com pelo. O coelho tem um pelo muito suave e alto. Depois de curtido, fica com toque macio e é usado na indústria de vestuário.
Composição: 100% couro de coelho.

PELO DE OVELHA (GAMULÃ)

Gamulã é a pele da ovelha curtida com a lã. É muito usada na indústria de vestuário em países muito frios.
Composição: 100% couro ovino.

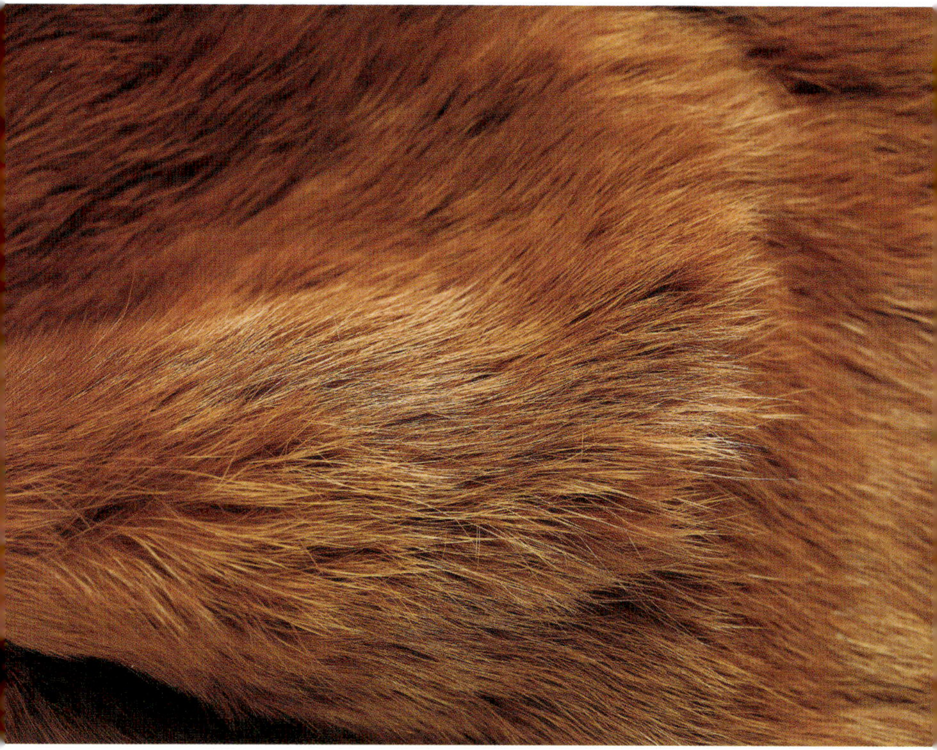

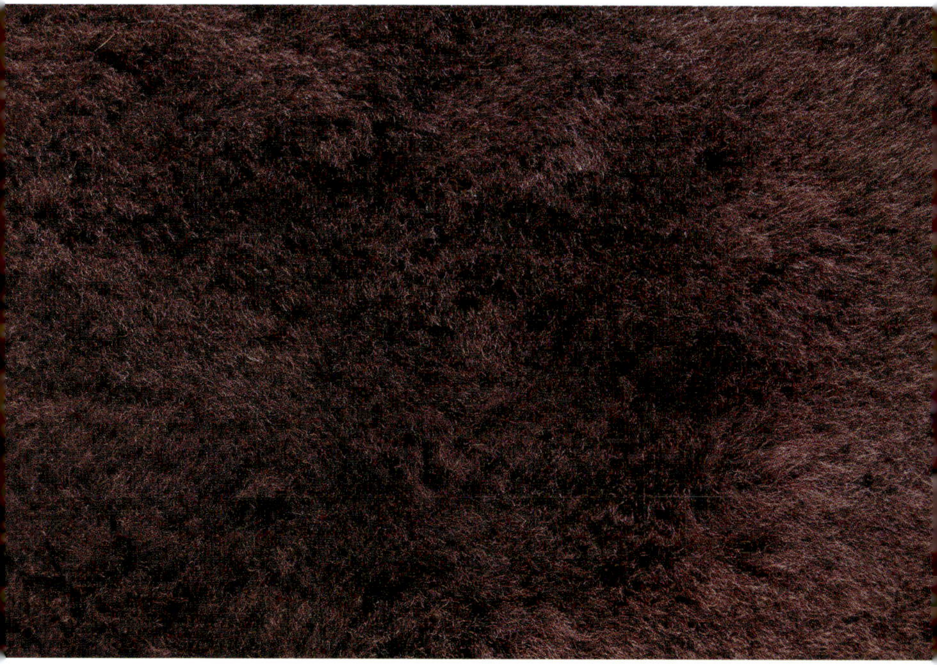

Pelo artificial de jaguatirica

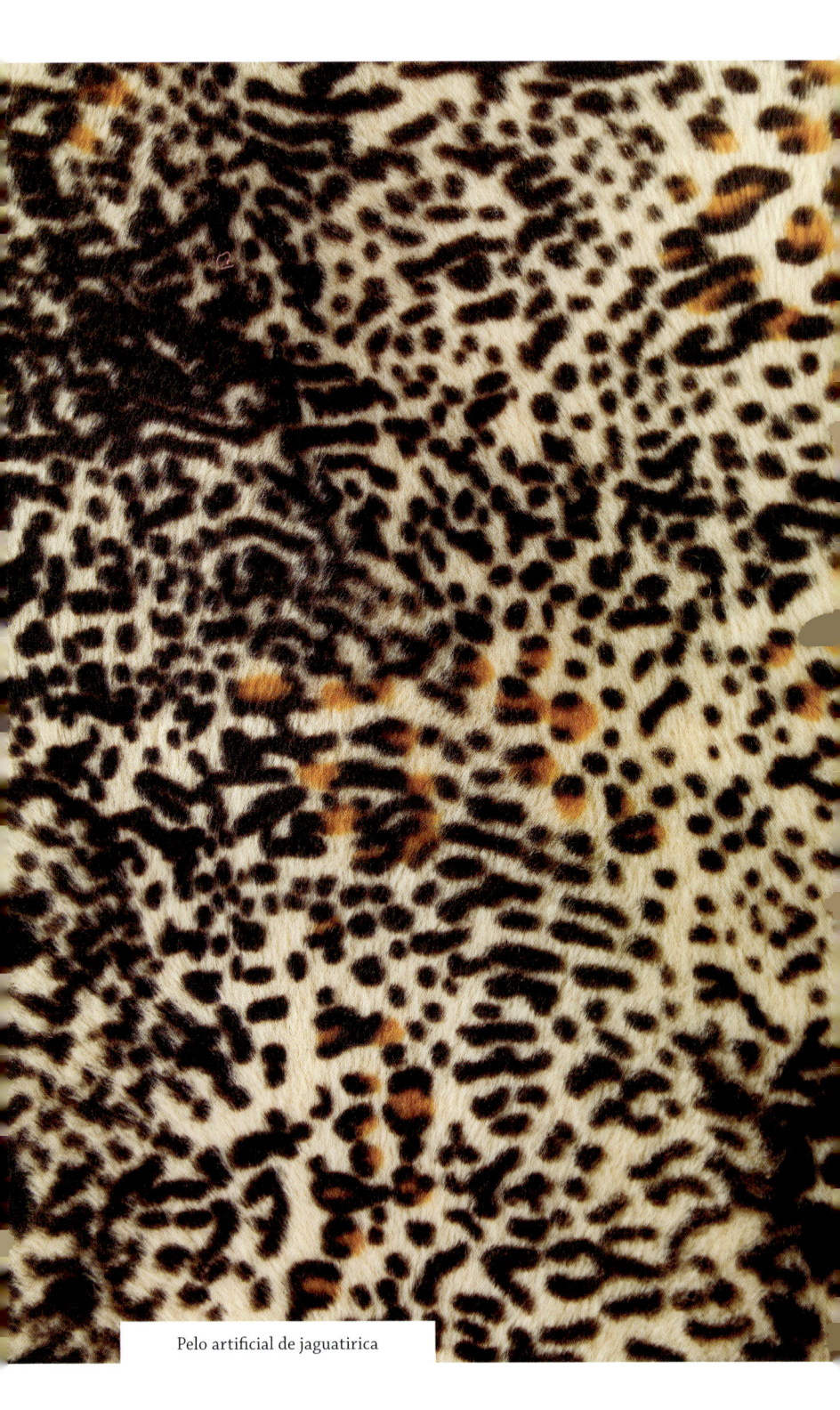

Pelo artificial de lince

Pelo artificial de ovelha Astracan

Pelo artificial de tigre

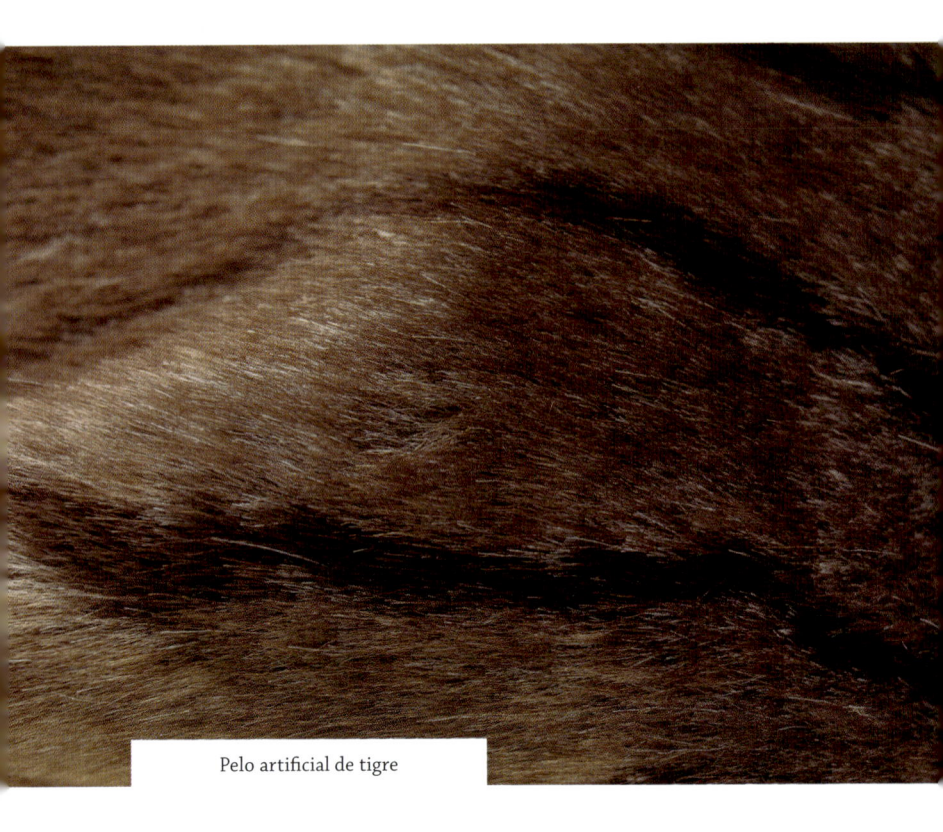

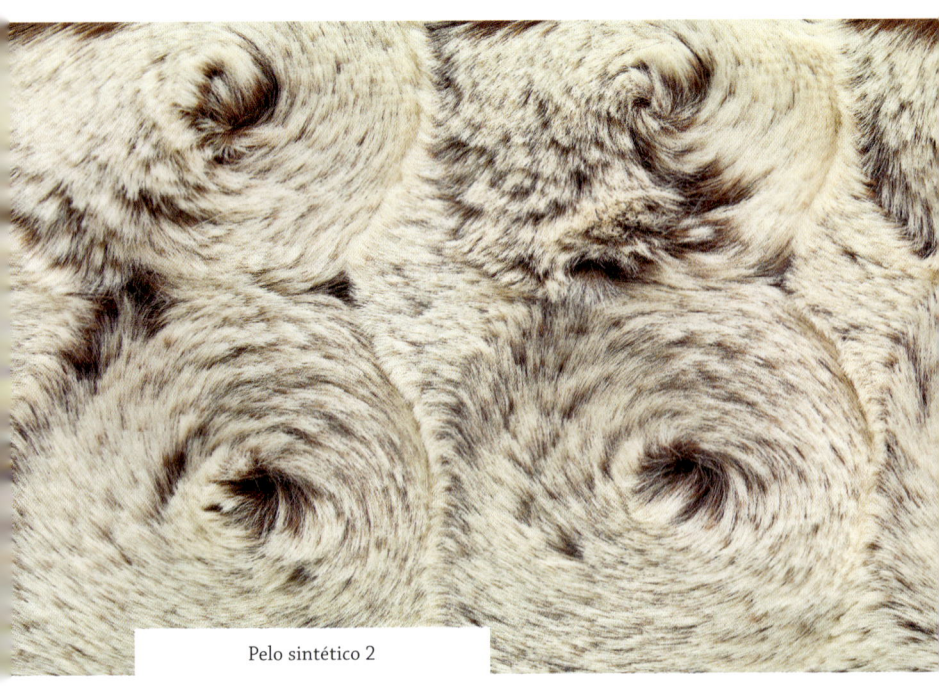

Pelo sintético 2

Pelo sintético 1

Pelo sintético 3

Pelo colorido artificialmente

Pelo sintético 4

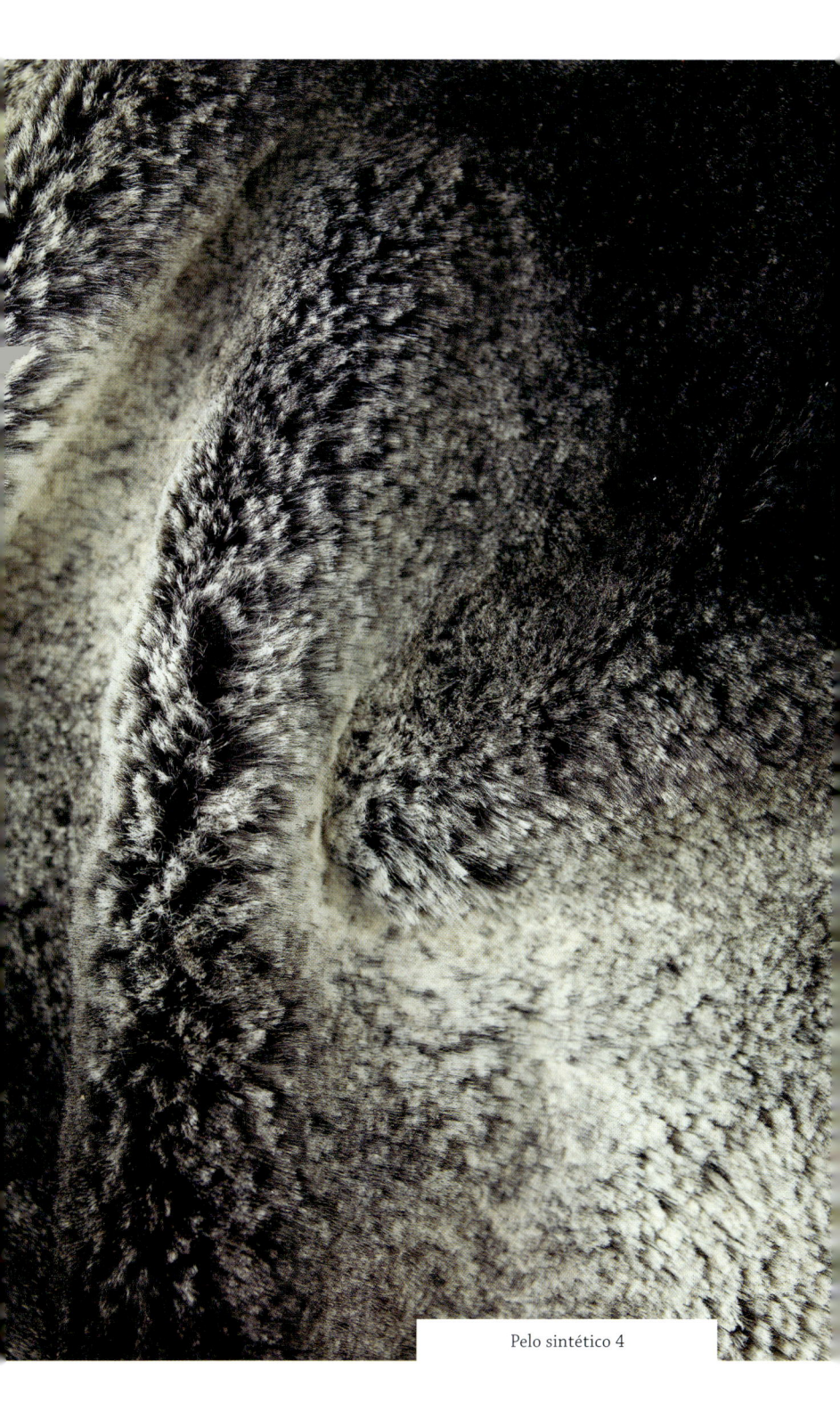

TECIDOS TECNOLÓGICOS

OS TECIDOS TECNOLÓGICOS SÃO HOJE OS GRANDES ALIADOS QUE PERMITEM PROPORCIONAR FUNCIONALIDADE AO VESTUÁRIO.

A TECNOLOGIA PODE ESTAR NO FIO, NA CONSTRUÇÃO DOS TECIDOS, NOS MAQUINÁRIOS DE ÚLTIMA GERAÇÃO PARA SUA FABRICAÇÃO, NO SEU ACABAMENTO OU NA COMBINAÇÃO DE TODOS ELES. OS BENEFÍCIOS VÃO DESDE A PROTEÇÃO UV ATÉ FUNCIONALIDADES ESTÉTICAS E MODELADORAS, COMO NAS PEÇAS DE SHAPEWEAR.

NOVOS TECIDOS EXPLORAM SUBSTÂNCIAS BENÉFICAS EMBUTIDAS NA MASSA DOS FIOS E, ALÉM DISSO, EXISTEM FRAGRÂNCIAS AROMATIZANTES E ACABAMENTOS IMPERMEABILIZANTES OU ANTIBACTERIANOS.

OUTRAS OPÇÕES EXPLORAM CÁPSULAS HIDRATANTES, FIOS QUE FACILITAM A TRANSPIRAÇÃO E O USO DE ELASTANO PARA ESPORTES QUE REQUEREM ALTA PERFORMANCE.

CADA VEZ MAIS, A TECNOLOGIA É UM ATRIBUTO INDISPENSÁVEL EM QUALQUER PEÇA DO VESTUÁRIO, E OS NUMEROSOS TAGS QUE EXPLICAM OS BENEFÍCIOS

DESSA TECNOLOGIA ESTÃO CADA VEZ MAIS PRESENTES NOS PRODUTOS, ESPECIALMENTE NAQUELES DOS SEGMENTOS DE ESPORTE E LINGERIE, AFINAL, DESEMPENHO E CONFORTO, NESSES CASOS, SÃO INDISPENSÁVEIS. ALÉM DISSO, O MERCADO ESTÁ CADA VEZ MAIS ATENTO ÀS VANTAGENS QUE UMA PEÇA PODE PROPORCIONAR.

AS FIBRAS TÊXTEIS TECNOLÓGICAS MAIS UTILIZADAS NO BRASIL, HOJE, SÃO FABRICADAS PELAS INDÚSTRIAS RHODIA E INVISTA.

A RHODIA TRABALHA BEM NO MERCADO COM AS MARCAS AMNI, QUE É UMA MISTURA DE CONCEITOS DE DESENVOLVIMENTO DE FIOS E TECIDOS, ALÉM DA MARCA MAIS RECENTE, A EMANA, QUE USA O CONCEITO DE REGULAÇÃO TÉRMICA DA PELE.

JÁ AS MARCAS MAIS CONHECIDAS DA INVISTA SÃO: LYCRA, SUPPLEX E COOLMAX, TÉCNICAS DE FIOS QUE TRABALHAM COM RESPIRABILIDADE E REGULAÇÃO TÉRMICA.

AS EMPRESAS NO BRASIL QUE MAIS UTILIZAM ESSES FIOS SÃO A ROSSET E A SANTACONSTANCIA. VEJA A SEGUIR ALGUNS ARTIGOS FEITOS COM ESSA TECNOLOGIA.

EMANA DERMO

Composição: poliamida/elastano

O Emana é o novo fio inteligente de poliamida da Rhodia que incorpora um aditivo patenteado capaz de oferecer propriedades de regulação térmica e melhorar a microcirculação sanguínea quando em contato com a pele por mais de seis horas.

Redução das causas da fadiga: estudos científicos conduzidos por um laboratório independente no Brasil demonstram que, durante os exercícios, os trajes esportivos fabricados com Emana melhoram a regulação térmica da pele, quando comparados a outros produtos, e reduzem o acúmulo de ácido láctico que leva à fadiga muscular. Esses mesmos estudos também indicaram maior conforto e ganhos nos sinais de redução de celulite devido ao aumento da elasticidade da pele.

As propriedades inteligentes desse fio não se deterioram após várias lavagens e ele é muito utilizado no mercado para a confecção de roupas esportivas e íntimas, como bodys, meias e leggings.

COOLMAX

Composição: poliester/elastano
Desenvolvido para melhorar a performance do atleta, os tecidos CoolMax destacam-se pelo grande conforto técnico e rápido transporte de umidade. Canais especiais ao longo do fio levam o suor da pele para fora da roupa e garantem que o esportista mantenha-se seco e fresco durante a prática esportiva. Macio e leve, é indicado para regatas e camisetas.

CONTROL SHAPE

Composição: poliamida/elastano
Desenvolvido especialmente para o segmento de lingeries de compressão com o objetivo de modelar e dar sustentação. É pesado e resistente e também possui uma versão brilhante, para a confecção de peças mais glamorosas para shapewear.
O Control Shape também é indicado para linhas pós-cirúrgicas, pois pode ser combinado com outros tecidos de sua mesma família. Esses recursos sempre trazem inovações e modernidade à sua linha.

LEGGERÍSSIMO®

O Leggeríssimo® é um tecido de fácil manutenção e que não precisa ser passado, pois não amassa e seca rapidamente. Em situações de emergência, pode ser seco até mesmo no box do banheiro. Além disso, o Leggeríssimo® é extremamente leve, proporcionando a criação de peças confortáveis e com visual casual e extremamente atual.

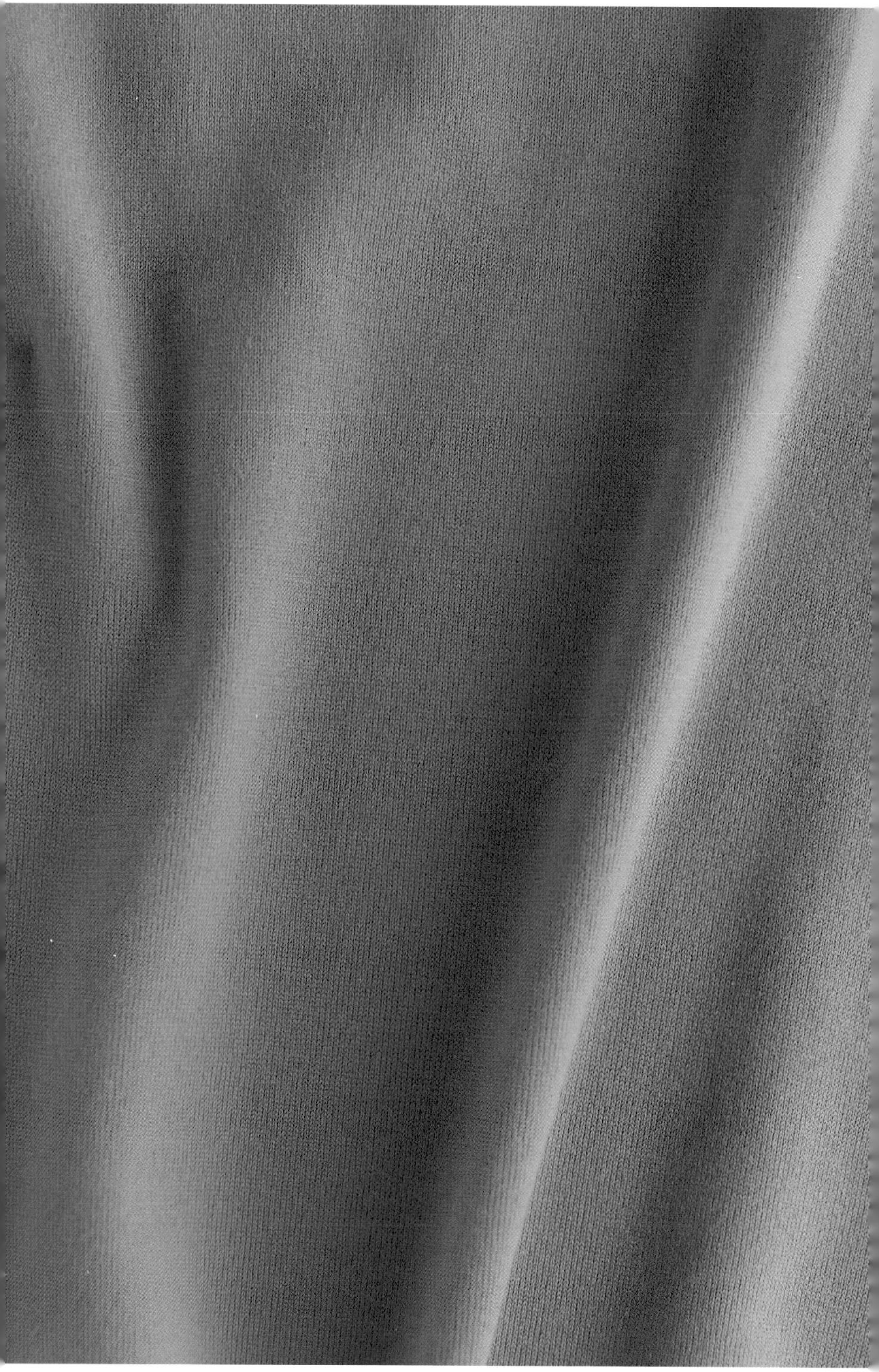

O LEGGERÍSSIMO PRO®

O Leggeríssimo Pro® é um tecido construído com fio de poliamida SUPPLEX® e se encaixa perfeitamente na rotina agitada dos treinos dos atletas, pois não precisa ser passado. Isso o torna aliado na economia de tempo e energia (conceito easy care). Foi também eleito, segundo o iShirt Test® (Teste da Camiseta Inteligente), como um dos tecidos mais adequados para a prática de atividades de alta performance. Os teste foram realizados pelo CEMAFE (Centro de Medicina da Atividade Física e do Esporte – órgão vinculado à UNIFESP) e avaliaram dez tipos de tecidos utilizados em camisetas disponíveis no mercado, como algodão, pet, poliamida e poliéster, entre outros. Os resultados concluíram que o Leggerissimo Pro®, tecido exclusivo da Santaconstancia, além de extremamente leve, ofereceu aos participantes do iShirt Test® excelente conforto térmico e proporcionou no microclima uma temperatura muito próxima à da própria pele (32 °C), minimizando o esforço do esportista para controlar sua temperatura interna e proporcionando ganhos de energia para melhorar seus resultados.

LINK

A estrutura dupla do Link, construída com poliamida fina texturizada, permite a manutenção de uma leve camada no interior do tecido (microclima). Essa estrutura, além te ter proteção UV, agrega um excepcional conforto durante o uso. Ideal para caminhadas e treinos, principalmente em horários de temperaturas mais baixas, como manhã e noite.

Tecnologia: malha fina dupla com poliamida texturizada.

Características: leveza, volume equilibrado com pré-tratamento para silk.

Atributos: conforto com proteção UV e vivacidade de cores e fácil manuseio durante o corte, costura e uso.

Visual: leve textura e coloração diferenciada.

COMPRESS®

O Compress® foi desenvolvido para atenuar as dores musculares provenientes de microtraumas. Sua compressão é preventiva e faz o sangue fluir mais rápido. Propicia troca térmica com compressão adequada. Desenvolvido para uso durante ou pós-prática, sua construção permite que a roupa final tenha um grau de elasticidade de 360 graus para acompanhar as movimentações dos músculos, propiciando uma compressão forte, mas ao mesmo tempo flexível. Foi pesquisado e desenvolvido para oferecer equilíbrio entre o efeito compressivo e a troca térmica. A construção em malharia produzida com fio de poliamida e fio elastano de forma helicoidal (como o formato de uma mola) garante uma confortável compressão. A textura apresenta pontos mais salientes internamente, que se assemelham a uma bola de golfe e, diminuindo o arrasto em relação ao vento, minimizam o contato do tecido com a pele, favorecendo a criação de um microclima estável, com pouco efeito úmido colante.

SPORTIVA PRO®

O Sportiva Pro®, tecido construído com uma porcentagem de aproximadamente 23 por cento de LYCRA® e fio de poliamida, quantidade maior que a utilizada em outros tecidos, proporciona excepcional ajuste no corpo devido à compressão obtida. É ideal para esportes de alta performance, sendo muito utilizado nas modalidades de triatlo. A compressão minimiza a vibração muscular, retarda a fadiga e atenua os microtraumas da prática esportiva, fato que vem sendo comprovado e difundido entre atletas, fisiologistas e profissionais esportivos. Sua estrutura também favorece a respirabilidade da peça, além da perfeita e confortável aderência ao corpo, acompanhando simultaneamente os movimentos e ajudando na propriocepção, o que significa uma percepção mais refinada da posição de cada segmento corporal no espaço, e refletindo em melhor precisão na execução dos movimentos.

ULTRA®

Sua construção diferenciada e um nível exato de elasticidade, conseguido pela mistura precisa do fio poliamida SUPPLEX® e LYCRA®, conferem compressão e melhor firmeza do corpo. Com isso, ajuda na prevenção de possíveis distensões musculares e na diminuição de dores após os exercícios. A firmeza também valoriza a silhueta, deixando o corpo mais harmonioso sem causar desconforto ou apertar. Além disso, o Ultra® oferece secagem rápida e conforto térmico, ou seja, imediata transferência de calor e umidade do corpo para o ambiente por meio do tecido.

SENSE DUO®

O grande diferencial do Sense Duo® é que ele tem proteção solar UVA e UVB 45+, ou seja, ele protege seu corpo 45 vezes mais dos raios solares do que se você estivesse sem camiseta com proteção UV. O tecido, desenvolvido com poliamida SUPPLEX®, também possui texturização com uma fina camada de ar no interior das fibras, o que proporciona o isolamento térmico do corpo. Malha dupla funcional e high-tech, construída com Poliamida Air Jet que confere visual natural e equilíbrio térmico que permite sua utilização em maior amplitude climática, sendo ideal para caminhadas. É de fácil lavagem e secagem rápida, e não precisa ser passado, propiciando economia de energia e tempo.

Tecnologia: poliamida Air-Jet Supplex e malha dupla.
Características: toque natural.
Atributo: conforto térmico.
Visual: natural opaco e estrutura tridimensional.

3D

Criado para a produção de roupas esportivas de impacto. Sua construção requer um trabalho de superfície, resultando em um tecido com áreas de acúmulo de ar, que funciona como isolante térmico. Dependendo da matéria-prima utilizada, pode atuar como amortecedor em peças para esporte de impacto.

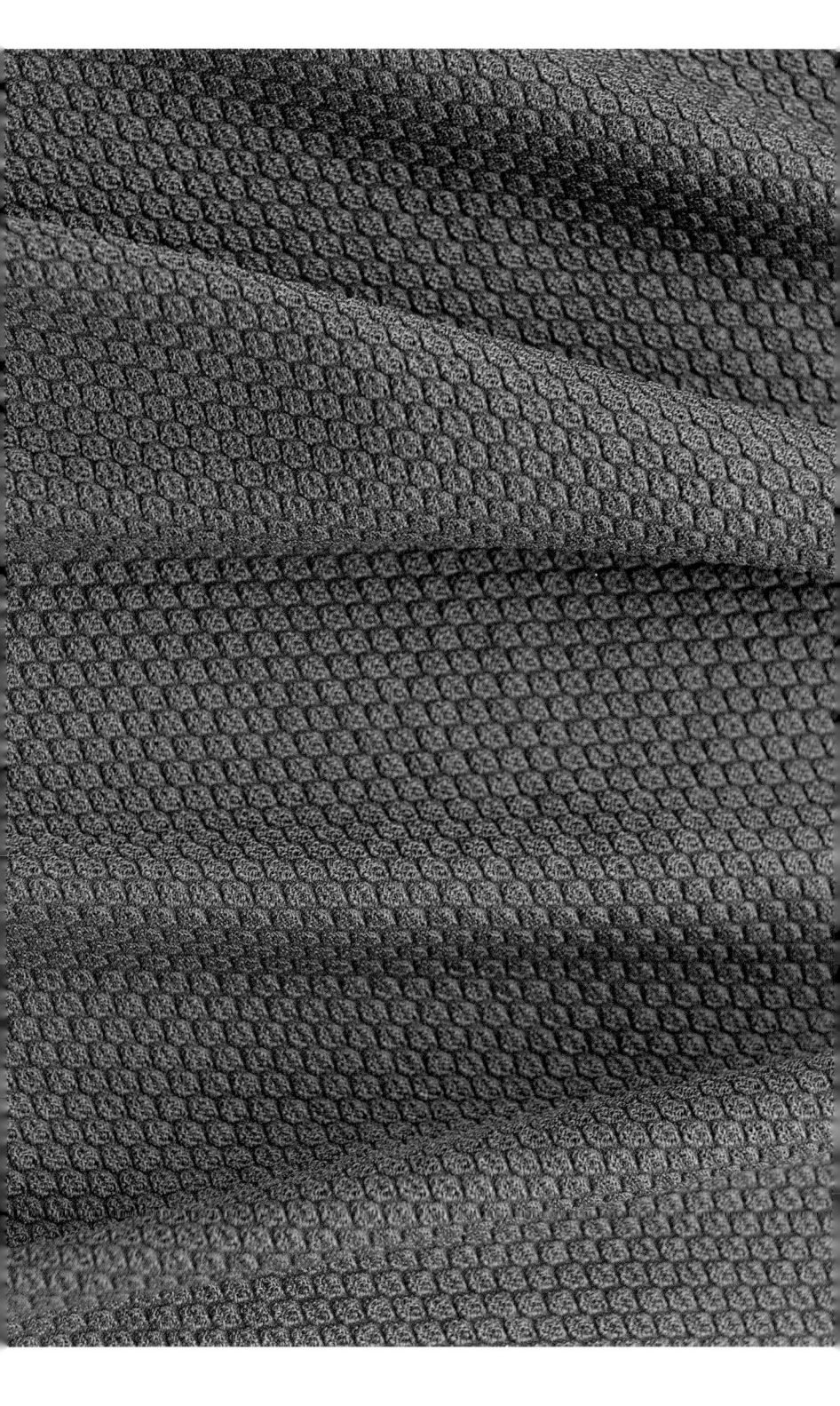

TECIDO COM MEMÓRIA

Este tecido contém em sua trama fios de aço inoxidável completamente moldáveis, o que lhe permite ser capaz de reconhecer a última forma dada à roupa e retornar ao seu estado original, podendo memorizar a forma do corpo.

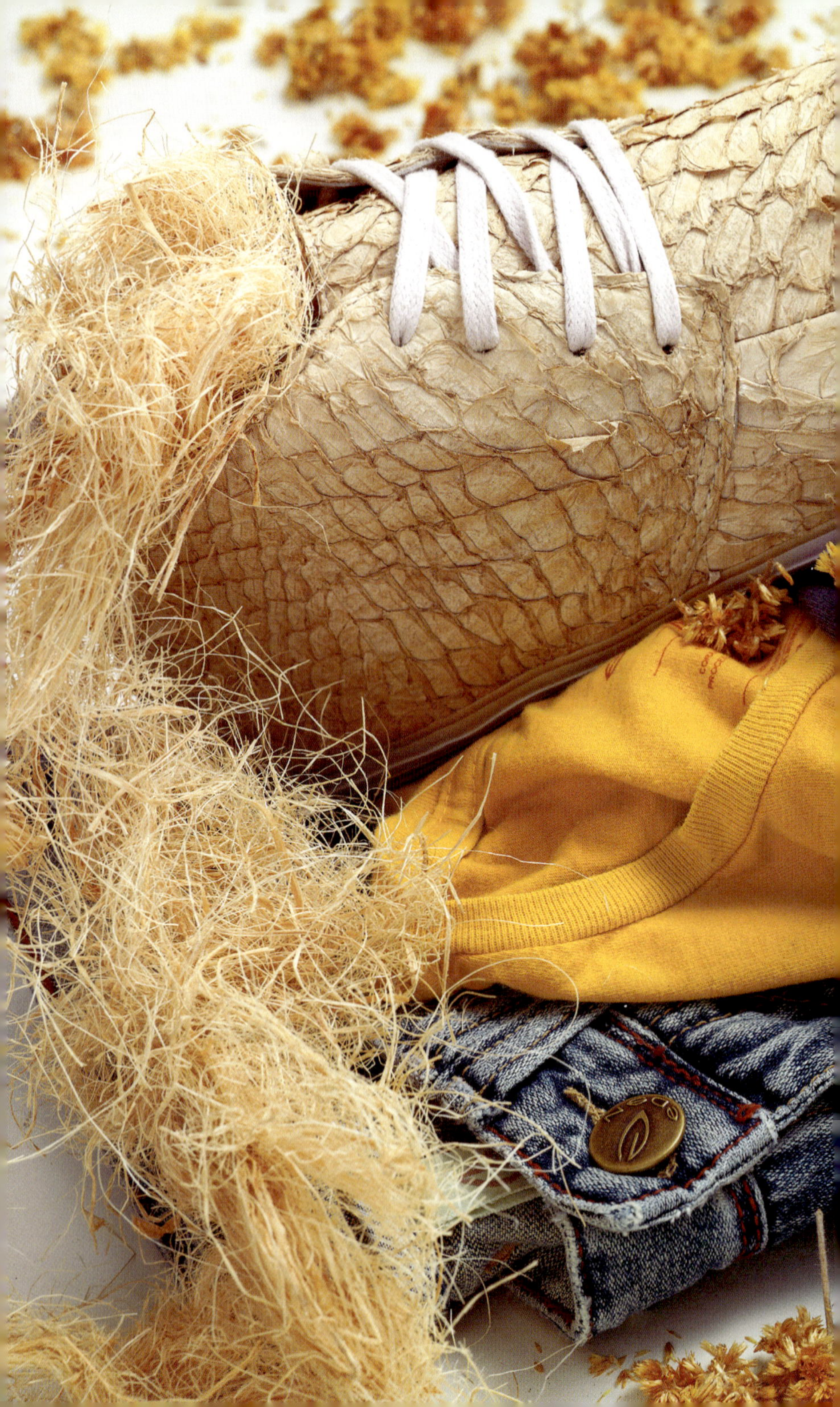

TECIDOS SUSTENTÁVEIS

TECIDOS DE ALGODÃO ORGÂNICO

Os tecidos produzidos com algodão 100% orgânico certificado, e com o processo industrial que utiliza somente corantes naturais e produtos químicos, não nocivos à saúde.

O termo orgânico refere-se à maneira como os produtos ecológicos são cultivados e processados.

O algodão orgânico é cultivado dentro do conceito de agricultura familiar, em pequenas propriedades, sem a utilização de adubos químicos, desfoliantes e agrotóxicos, que são nocivos à saúde humana e ao meio ambiente.

TINGIMENTO ORGÂNICO E OUTRAS FIBRAS DO FIO DO ALGODÃO

O tingimento do algodão é natural, composto na sua matéria prima por: vegetais como pedaços de árvores e tubérculos, folhas e sementes, terra, pó de madeira e, no caso das lãs ou das sedas, também se utilizam açafrão e urucum.

São corantes naturais do Brasil, especialmente dos bosques brasileiros, as anileiras, no caso dos tecidos jeans (azuis), cedro (rosa), barbatimão (vinho), garapa de cana (amarelo), jenipapo (cinza), ipê (rosa), jatobá (marrom ou cinza), mangueira (verde), amoreira (amarelo), folhas do eucalipto (azulado cinzento) e pedaços da cebola (alaranjada). Utilizam em seus processos de tingimento, além dos corantes naturais, os produto químicos auxiliares não nocivos ao meio ambiente e às pessoas.

Os tecidos orgânicos como o algodão, a lã, a seda e o cânhamo devem cumprir a regulamentação estipulada pelos órgãos competentes e certificados pelas agências certificadoras reconhecidas, no que diz respeito à produção, ao tingimento e ao manuseio das fibras. É importante procurar o certificado nas embalagens para ter certeza de que se trata realmente de um produto orgânico.

A lã orgânica, a seda e o cânhamo também são materiais orgânicos populares. O cânhamo é uma fibra natural altamente durável que não requer pesticidas e precisa de pouca água para crescer. Por se tratar de uma fonte renovável, os fazendeiros podem manter plantações de cânhamo ano após ano. As fibras de cânhamo podem ser usadas em vestuário, cosméticos e papéis. Para tornar o cânhamo menos rígido, as fibras geralmente são misturadas com algodão e seda. Os tecidos orgânicos não são apenas encontrados em camisetas, mas também em jeans, saias e vestidos.

TECIDOS ECOLÓGICOS

São os tecidos que utilizam em sua elaboração pelo menos um dos componentes produzidos de maneira orgânica ou natural. Um tecido jeans produzido com algodão orgânico, porém tinto em um processo normal, utilizando corante índigo sintético, será considerado um tecido ecológico (*eco-friendly*). Da mesma maneira, uma malha ou tecido com algodão de produção massiva normal, se utilizar um processo de tingimento que utilize pouca água e produtos químicos não nocivos ao meio ambiente ou às pessoas poderá ser considerado *eco-friendly*.

TECIDOS SUSTENTÁVEIS

As roupas sustentáveis utilizam tecidos feitos de materiais renováveis como o bambu, a soja e o Tencel, fibra proveniente da polpa de madeira. O bambu se tornou uma escolha popular de tecido sustentável para empresas que pretendem realizar a transição para a moda ecoamigável. Ele cresce rápido e pode ser cultivado sem pesticidas ou aditivos químicos. E também é 100% biodegradável. Para se obter as fibras de bambu, sua polpa é retirada até que fique separada em fios finos que podem ser torcidos e tecidos. O bambu produz um ótimo tecido para roupas esportivas devido às suas propriedades naturais antibactericidas e absorventes. O tecido de bambu também é famoso por sua textura macia.

Muitas vezes, os tecidos orgânicos, ecológicos e sustentáveis requerem cuidados especiais (leia sempre as instruções de lavagem na etiqueta de cada produto). Embora muitos tecidos possam ser lavados à máquina, alguns requerem lavagem a seco ou à mão. Os consumidores conscientes talvez queiram utilizar detergentes livres de fosfato e biodegradáveis e secar as roupas no varal para reduzir o consumo de energia.

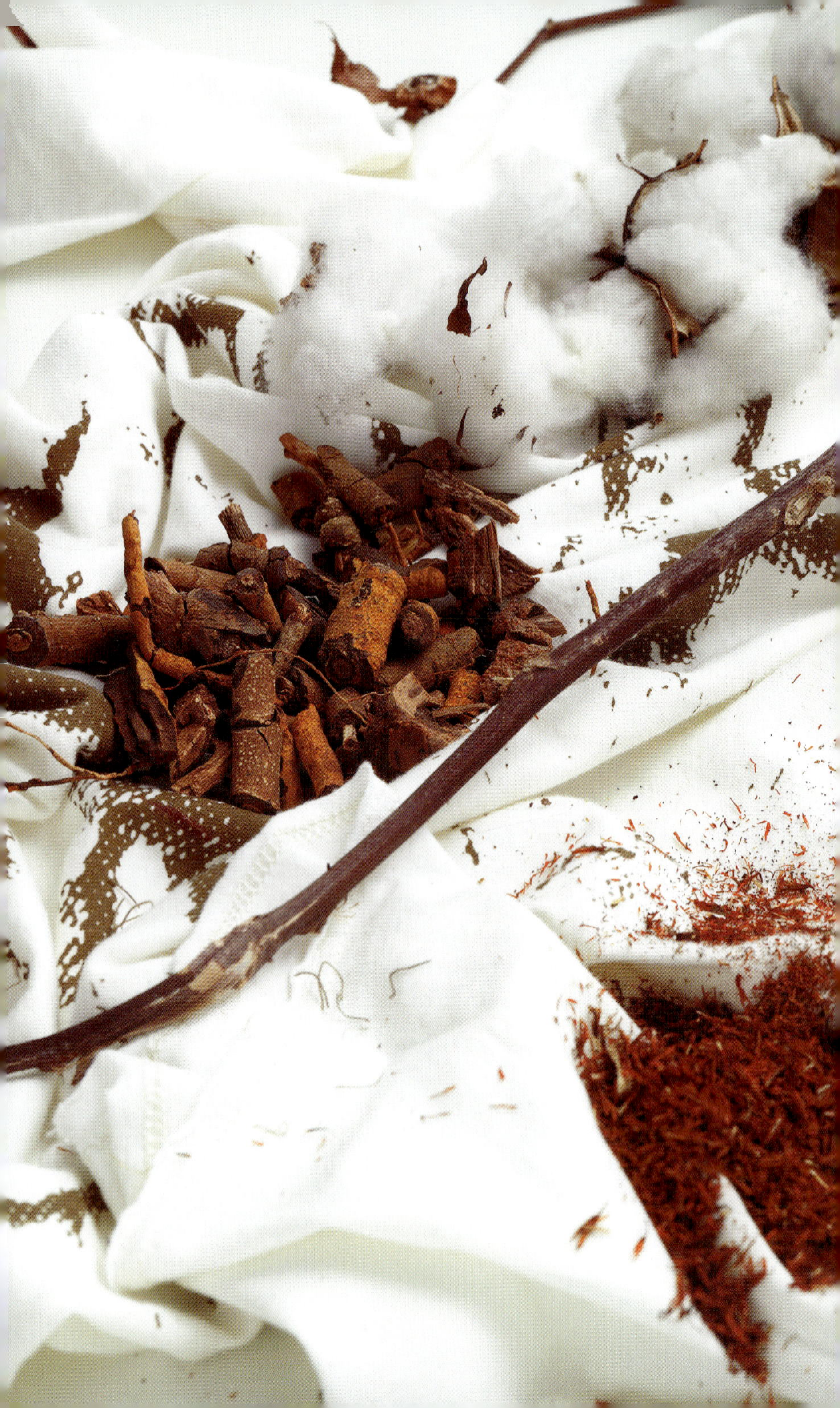

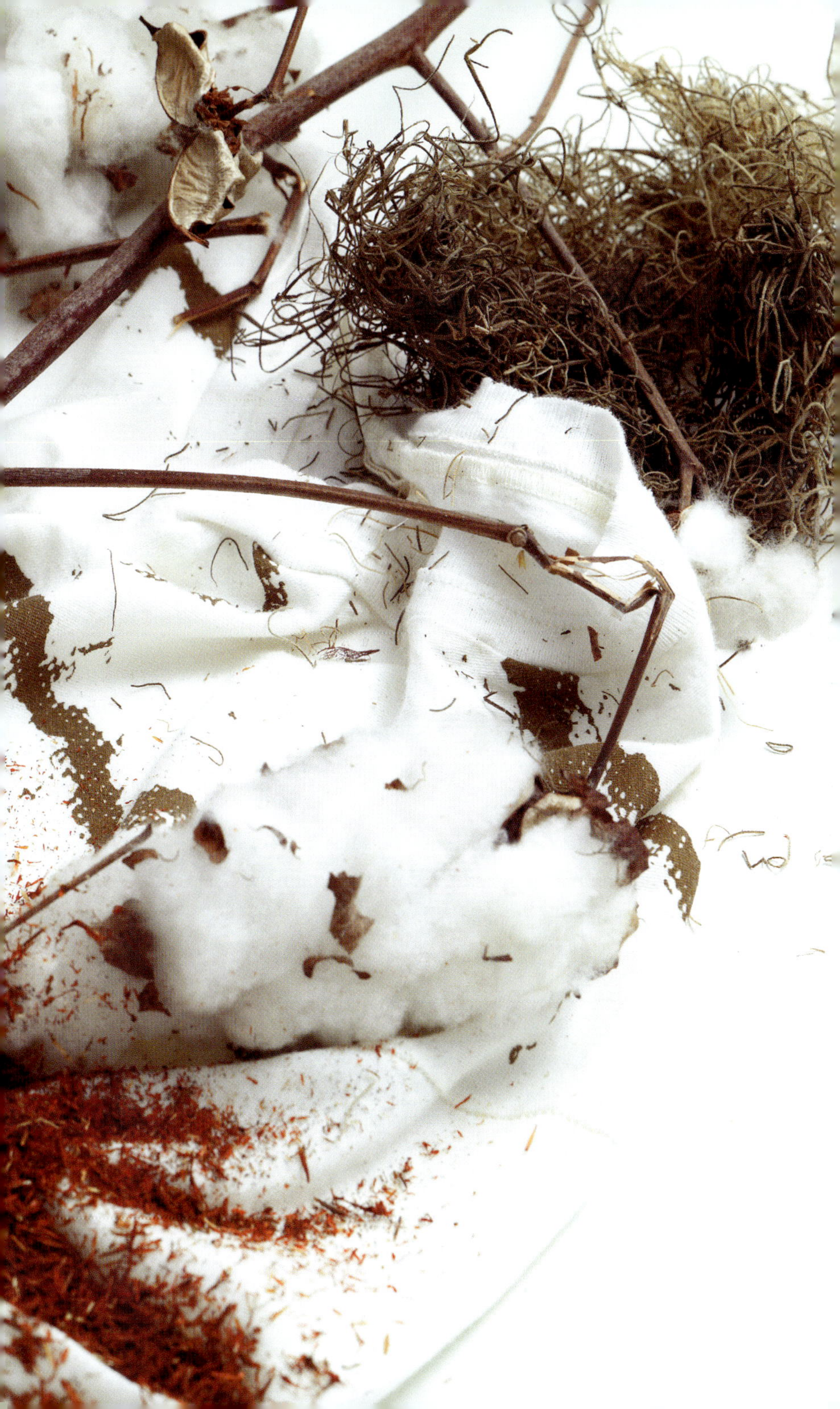

PET (PLÁSTICOS RECICLADOS)

Composição: 50% algodão e 50% poliéster de pet reciclado.

O mais interessante dos produtos derivados das garrafas pet talvez seja a camiseta. Durante o processo de reciclagem, o material é moído, transformado em flocos e, em seguida, são extraídas dele as fibras (poliéster). Misturadas normalmente com igual parte de fibras de algodão, viram camisetas normais. Você pode estar usando uma agora sem saber. Uma única peça retira do meio ambiente, aproximadamente, 2,5 garrafas.

Além da questão ecológica, que ressalta a necessidade que temos em pensar no futuro do planeta, a malha pet não deixa nada a desejar em relação às malhas comuns, tanto em durabilidade quanto em conforto.

1/2 PET CAMISETA
100% ecológica

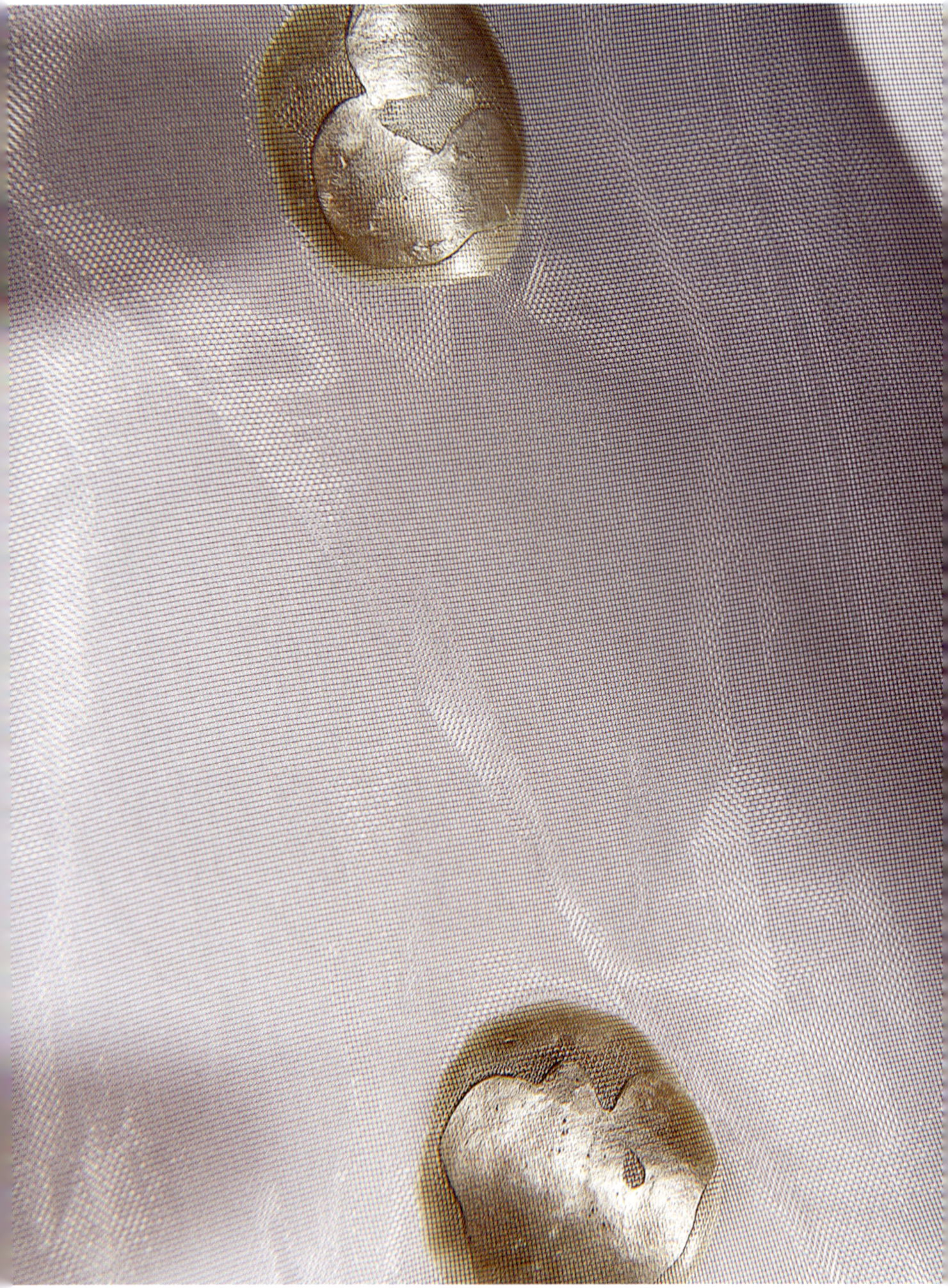

O SONHO

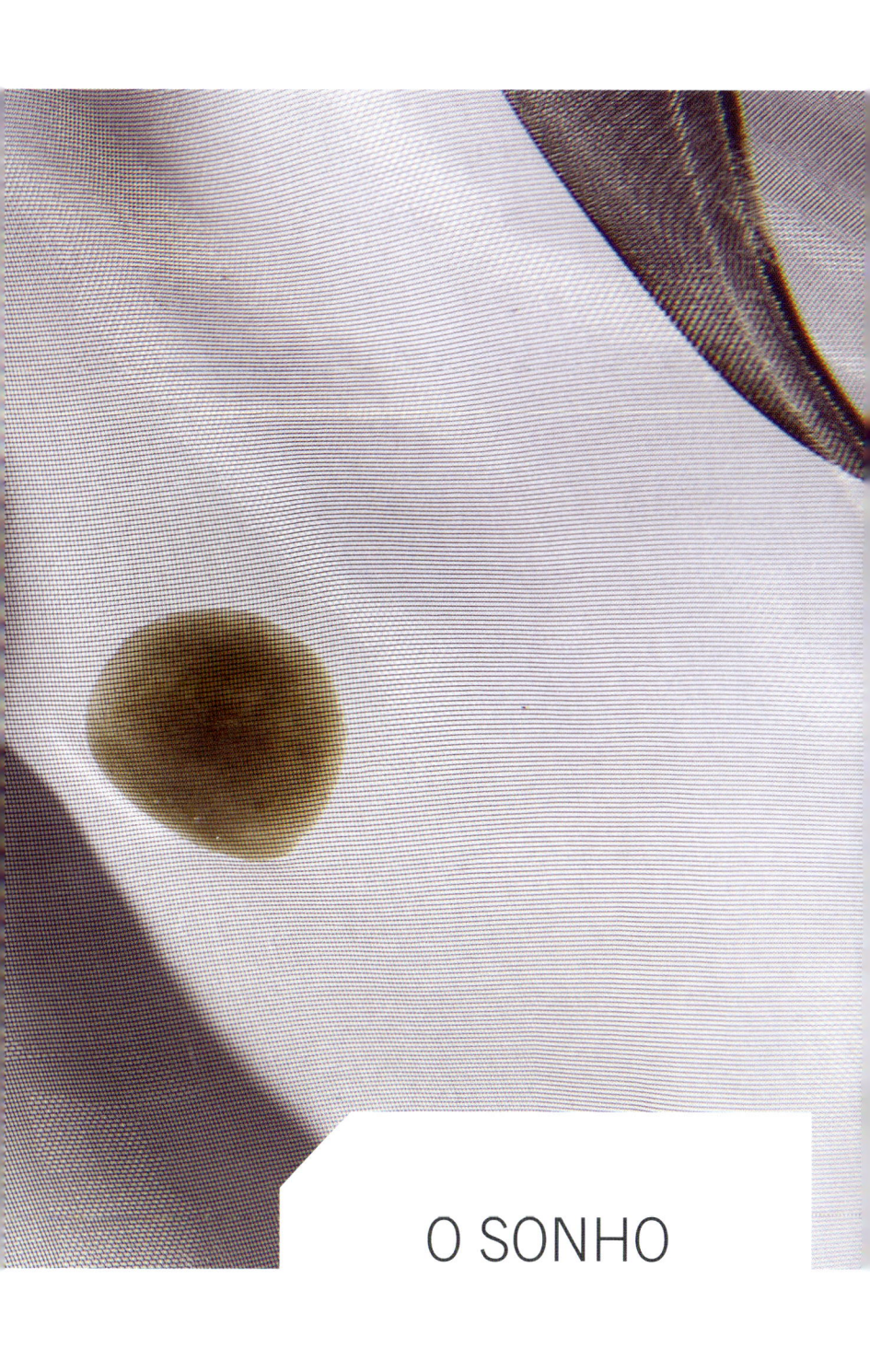

CHEGA DE REALIDADE! VAMOS AO SONHO! AS PRÓXIMAS PÁGINAS SÃO UM ESPETÁCULO À PARTE!

PRECISO ADMITIR QUE SOU UMA MULHER DE SORTE, POIS TIVE A OPORTUNIDADE DE VISITAR A FEIRA DE TECIDOS PREMIÈRE VISION EM PARIS 14 VEZES! ESTA FEIRA É REALIZADA DUAS VEZES POR ANO (EM FEVEREIRO E EM SETEMBRO), E NELA ENCONTRAM-SE TECIDOS EUROPEUS DE ARREGALAR OS OLHOS. DÁ ATÉ MEDO DE TOCAR PARA VER SE SÃO VERDADEIROS. ENQUANTO EU CAMINHAVA PELOS CORREDORES E STANDS DA FEIRA, FICAVA IMAGINANDO COMO UMA MÁQUINA SERIA CAPAZ DE PRODUZIR TECIDOS TÃO EXÓTICOS, DIFERENTES DE TUDO QUE ALGUÉM CONSEGUE CONCEBER. PURO SONHO! CONHECI FORNECEDORES INCRÍVEIS DOS QUAIS,

ÀS VEZES, EU ARRISCAVA COMPRAR UMA OU OUTRA MATÉRIA-PRIMA PARA O DESFILE DA CORI DA FASHION WEEK, MAS CONFESSO QUE SEMPRE FICAVA PREOCUPADA, PENSANDO SE CONSEGUIRÍAMOS FABRICAR MATERIAIS QUE PARECIAM SER IMPOSSÍVEIS DE REPRODUZIR. FELIZMENTE CONSEGUÍAMOS. E, ACREDITEM: ESSES TECIDOS SEMPRE FORAM OS PRIMEIROS AS SEREM VENDIDOS. AO VEREM ESSAS PEÇAS, AS MULHERES SABIAM QUE ESTAVAM DIANTE DE ALGO REALMENTE BELO E EXCLUSIVO. NÃO É DE ADMIRAR. ALÉM DE ENCHER OS OLHOS DELAS, AS DEIXAM COM O MAIS PURO SENTIMENTO DE PODER! AS PÁGINAS A SEGUIR NÃO SÃO APENAS PARA SEREM VISTAS. DEVEM SER SABOREADAS. ESSES PRODUTOS SÃO VERDADEIROS E FEITOS PELO HOMEM.

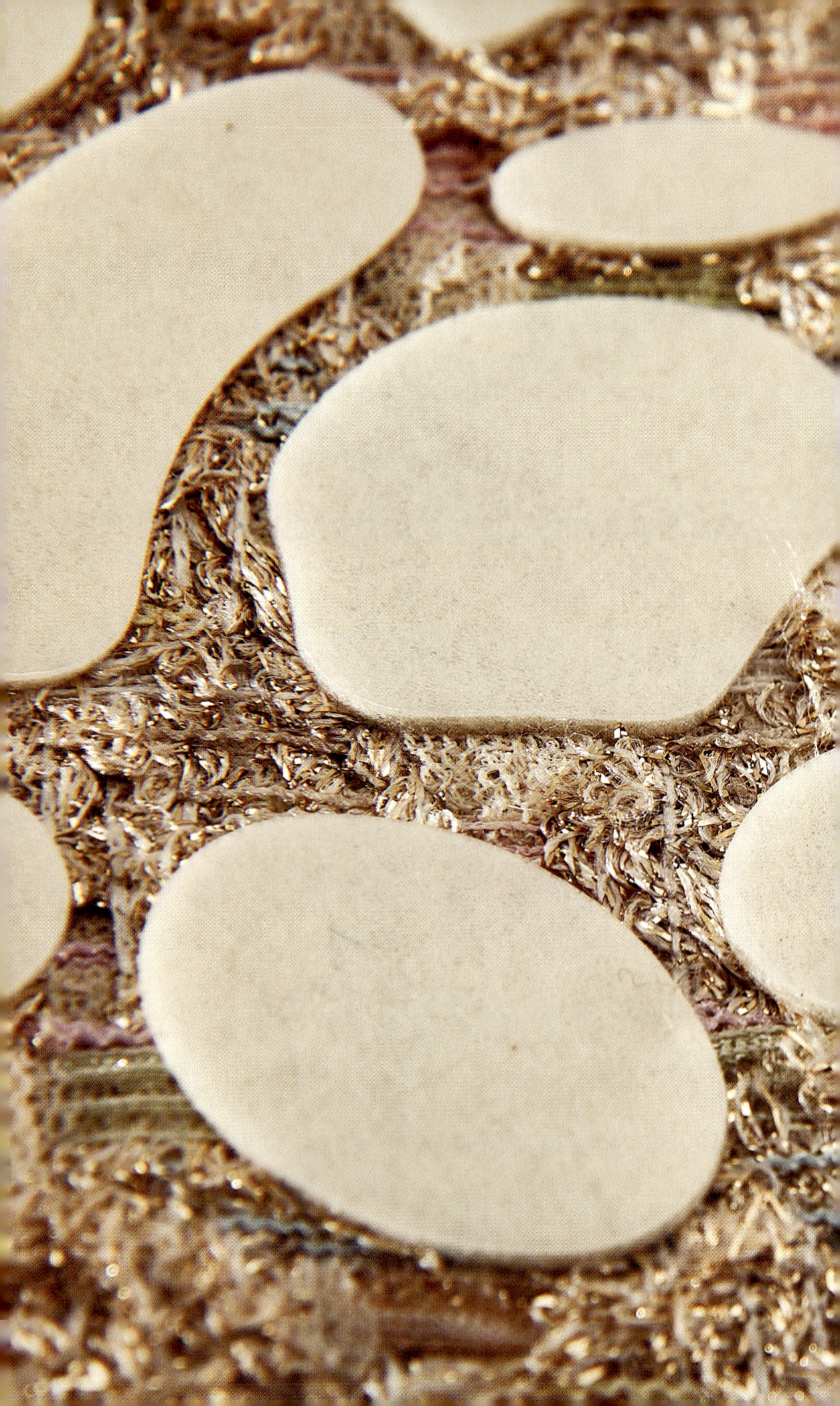

Tweed brocado com aplicação de madrepérolas

Tule bordado com fios de ouro e prata

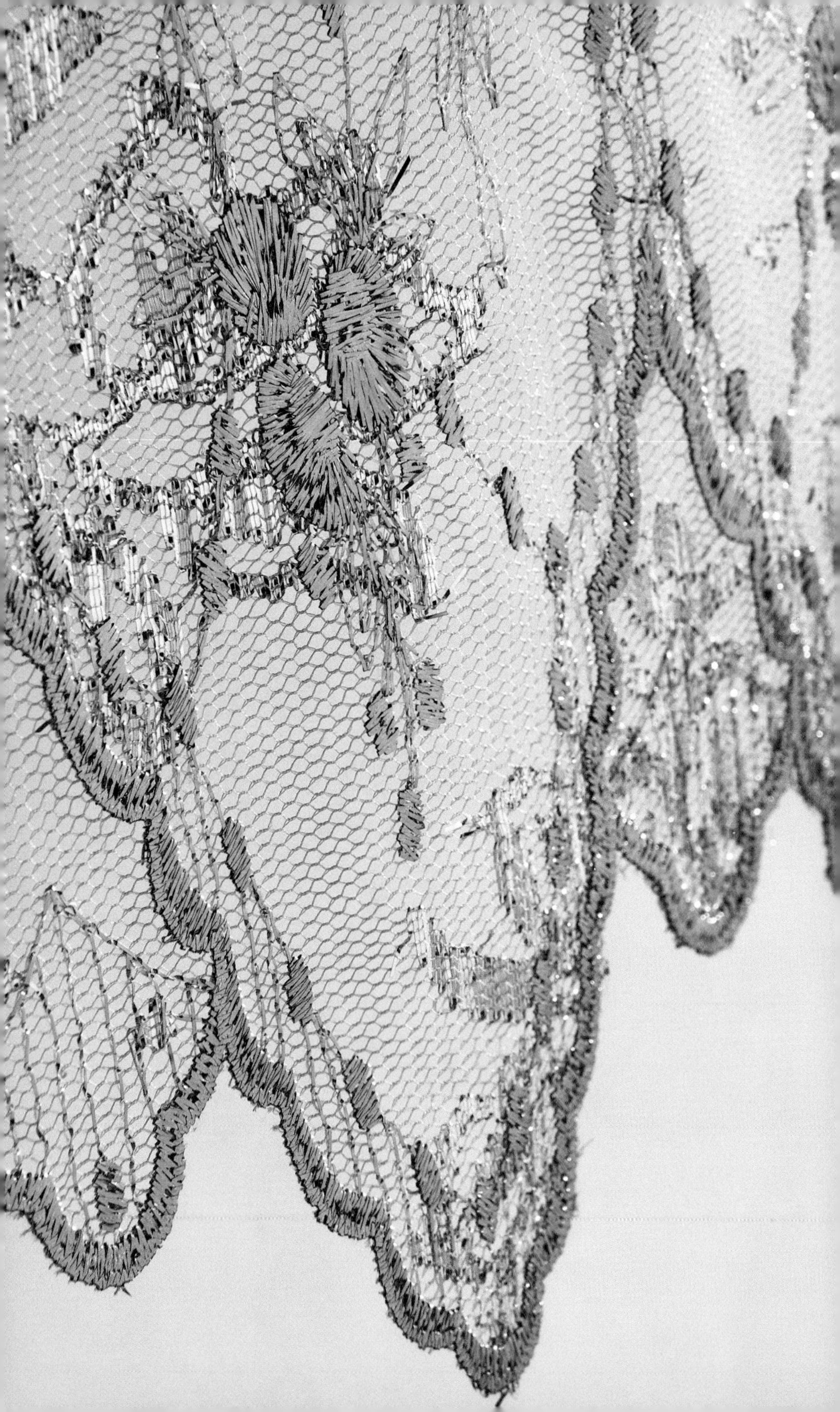

Renda com barrado de guipure

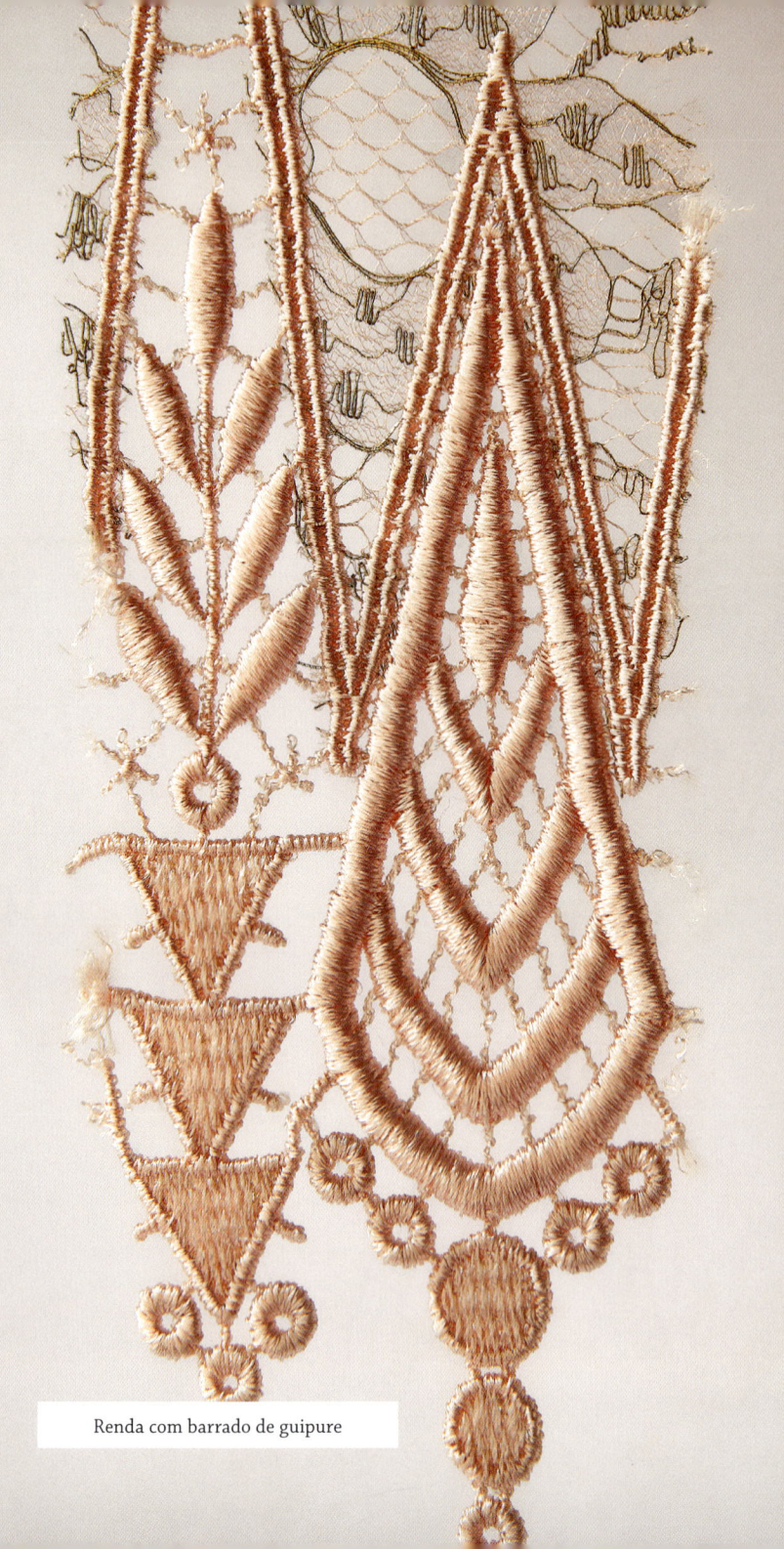

Guipure com fio lurex

Guipure floral sobre base de organza

Paetê sobre georgette estampado floral

Renda guipure com aplicação de pedras lapidadas

Renda guipure de lã com lurex

Renda guipure estampada

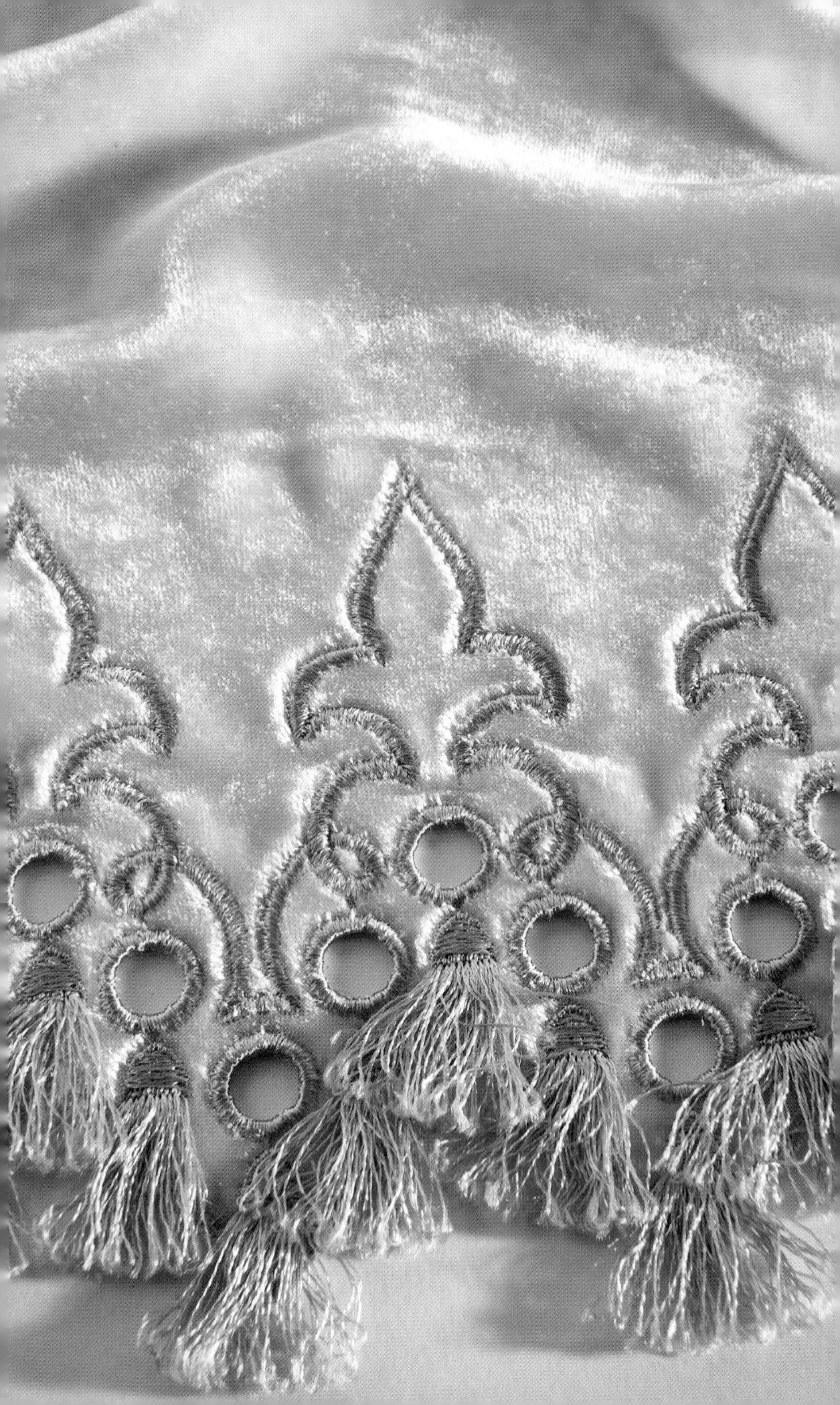

Veludo molhado com barrado bordado

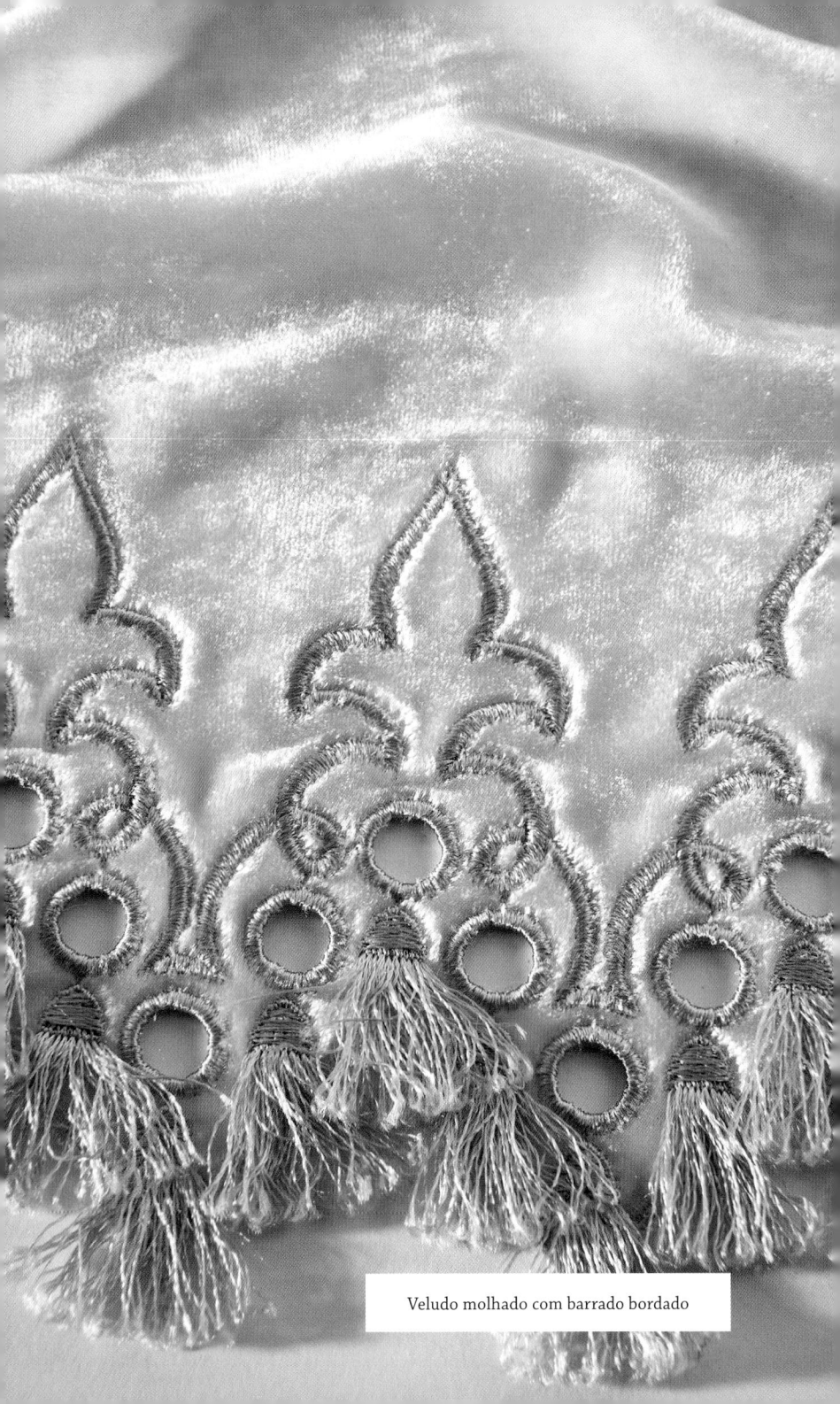

Cetim navalhado a laser

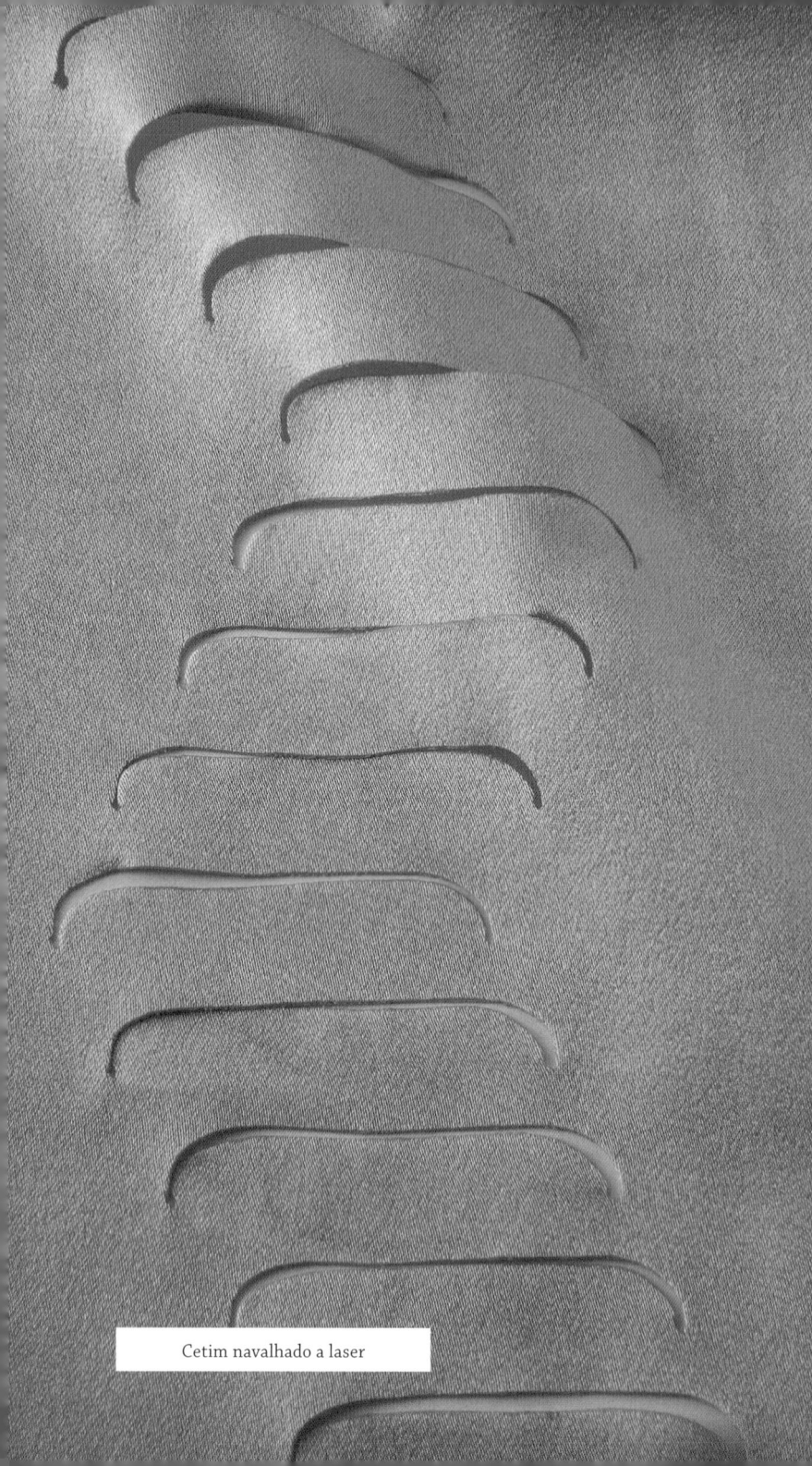

Crepe com barrado cortado a laser

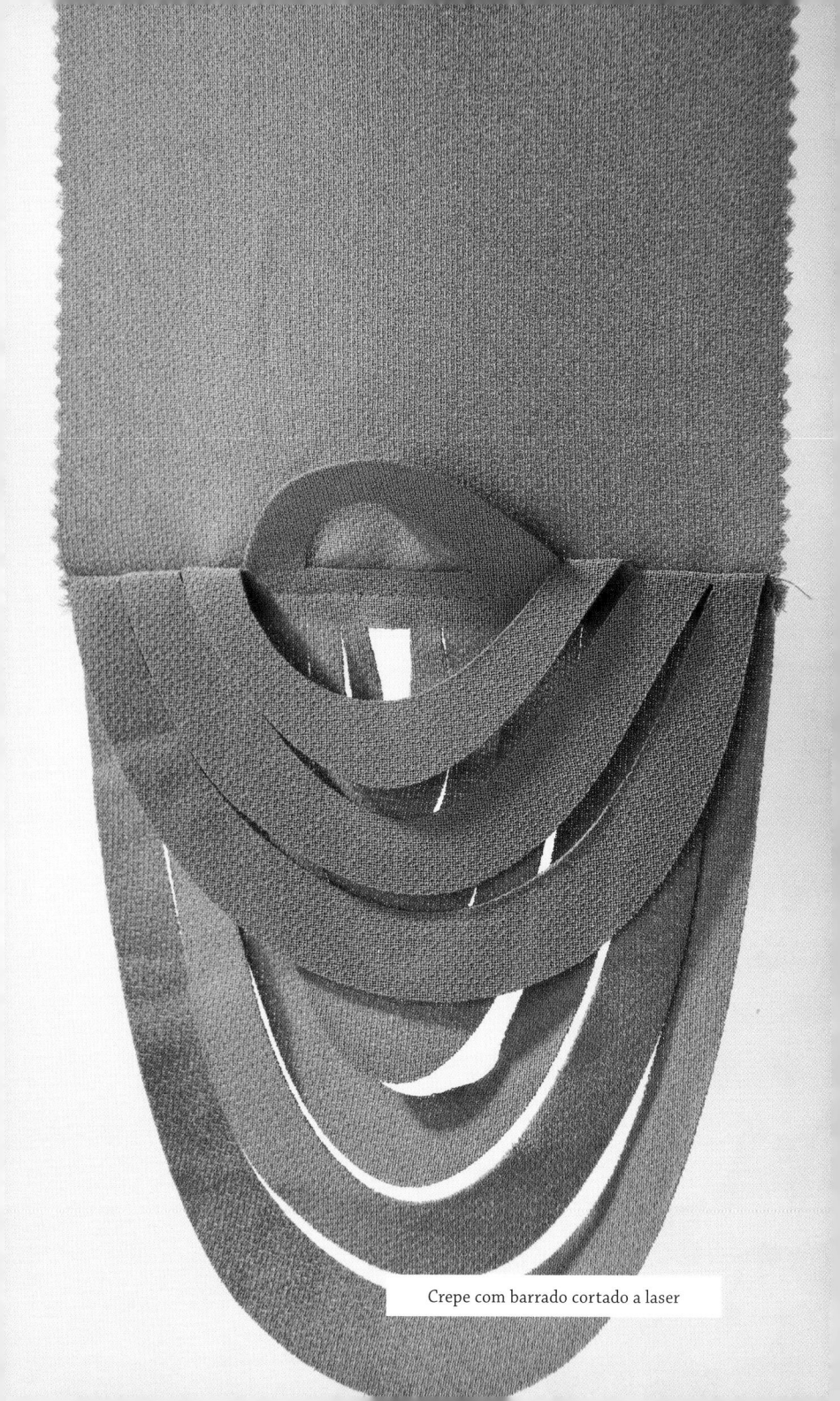

Paetês bordados em escamas furta-cor

Paetê em camadas

Renda rebordada com paetê transparente

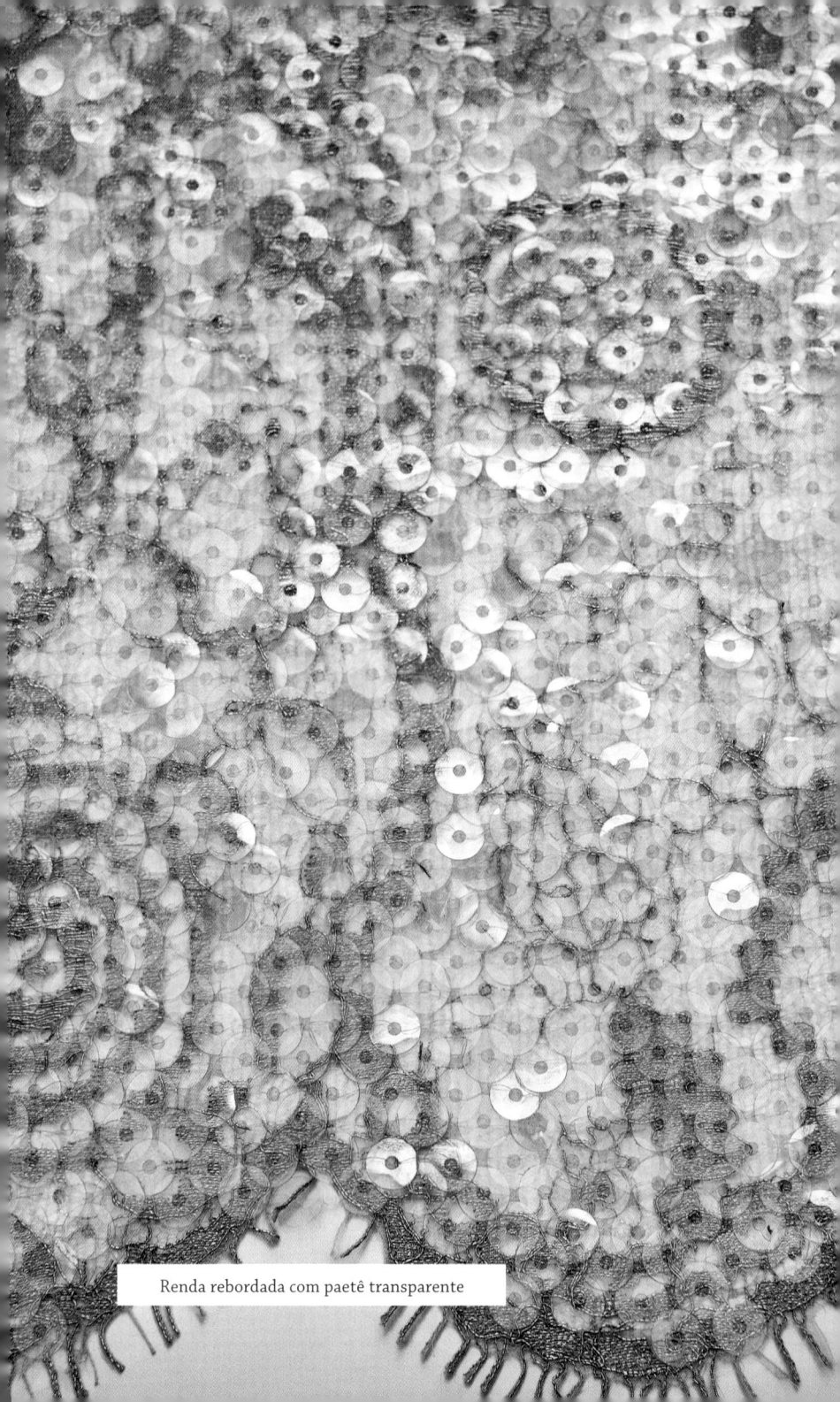

Renda com aplicação de paetês fosco e opaco

Paête multicolorido estampado

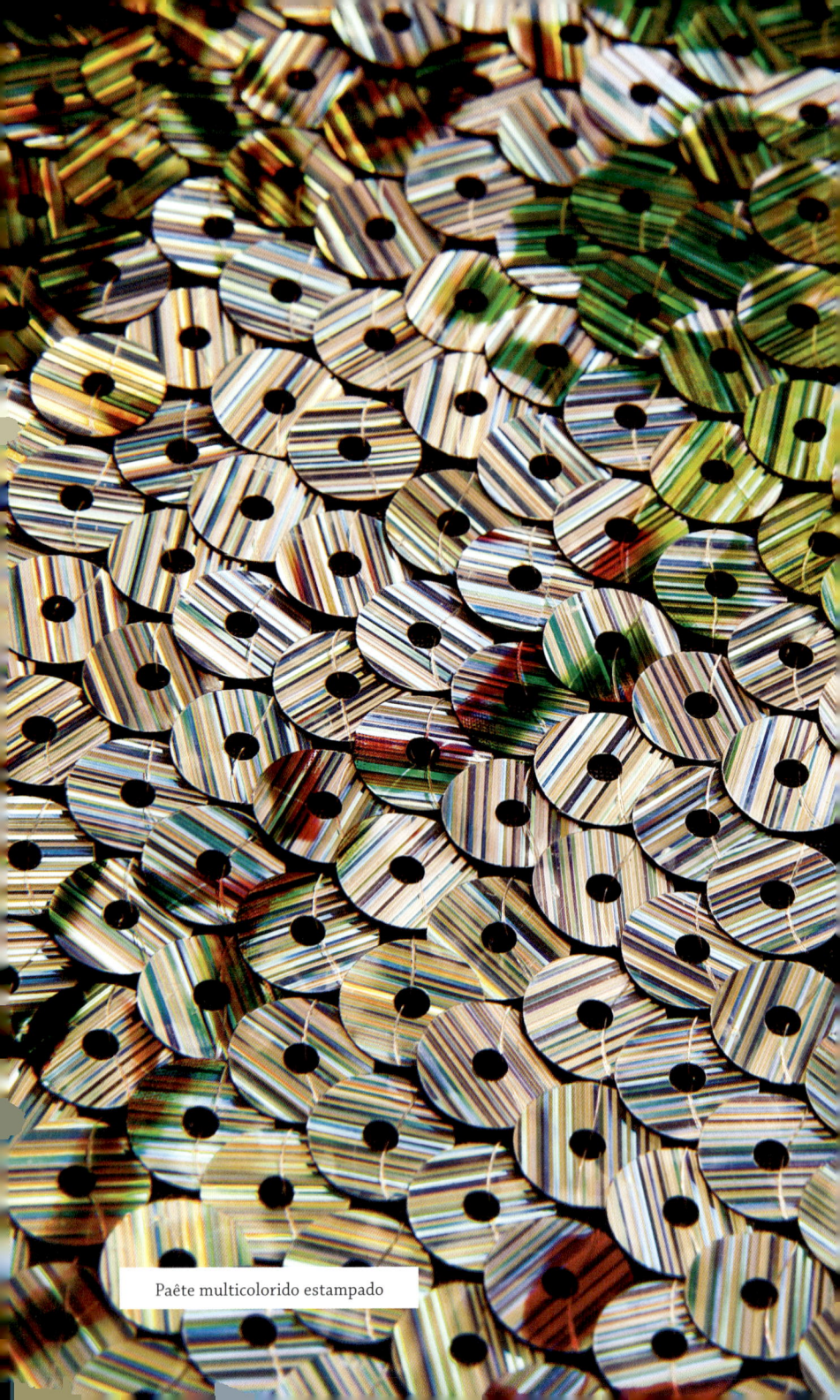

Paetês transparentes sobre base laminada

Jacquard* com lurex

*Jacquard: método de produzir o motivo mecanicamente no tecido, muitas vezes com misturas de cores e fios.

Guipure de algodão

Organza em alto relevo

Organza estampada furta-cor

Organza com aplicação de resina

Tule com aplicação de pompom de lurex

Tule com aplicação de flores

Tule tipo 'cestaria' com aplicações e quadrados esmaltados multicoloridos

BIBLIOGRAFIA

BAUDOT, François. *Moda do século*. São Paulo: Cosac & Naify, 2008.

BELKIN, Aurore; BENHAMOU, Judith. *In their hands*. Nova York: Prestel, 2009.

PEZZOLO, Dinah Bueno. *Tecidos: história, tramas, tipos e usos.* São Paulo: SENAC, 2009.

UDALE, Jenny. *Tecidos e modas*. São Paulo: Editora Bookman, 2009.

SITES

WWW.WGSN.COM

WWW.STYLE.COM

WWW.COSTUMES.ORG

WWW.ELUXURY.COM

WWW.CHIC.COM.BR

WWW.ERIKAPALOMINO.COM.BR

WWW.NET-A-PORTER.COM

WWW.SPFW.COM.BR

WWW.PREMIEREVISION.FR

WWW.FIOSFIBRASETECIDOS.BLOGSPOT.COM

WWW.CASAHSW.UOL.COM

ÍNDICE

A
acetato 24, 27, 50, 122, 130
acrílico 146
algodão 21, 25, 40, 46, 50, 54, 56, 58, 60, 66, 88, 110, 118, 136, 152, 158, 248, 266, 267, 270, 299
    estampa floral 60
    fio 100 44
    fio tinto 46
    maquinetado 60
    oxford 60
    padronagens 46, 50, 60
    penteado 46, 48,
    pima 42
    piquê 188
    tricoline 46
alpaca 24, 86
anarruga 56

B
bordado 278, 289
brocado 277
buclê 102

C
cabra angorá 88
cabra angorá Mohair 21, 85, 88
cambraia 46, 118
cashmere 85, 90, 92
cetim 30, 64, 78, 80, 126
    com elastano 80
    de seda 78, 123
    duchess 78
    navalhado a laser 290
chiffon 64, 66, 68
control Shape 244, 308
coolMax 242
couro 166, 167, 168, 172, 178, 180, 186, 190, 192, 194, 196, 198, 200, 202, 204, 206, 210, 212, 214, 217, 218, 220, 222, 228
    a alma do curtume 165
    acabamentos artesanais 217
    acabamento de tatuagem 218
    chamois cromo alemão 204, 220
    cobra 142, 166, 180, 192, 212, 222
    cobra d'água 192
    box 220
    de arraia 190
    de avestruz 196, 210
    de boi liso ou napa 167, 214
    de bucho de boi 194
    de canela de avestruz 196
    de crocodilo
    de jacaré 166, 192, 198
    de lézard africano 198
    de mestiço 24, 200, 202
    de tilápia 194
    floater 214
    lézard tamponado (efeito tom sobre tom) 210

naturais exóticos 190
  pelica 200
  prensado 210, 224
crepes
  acetato 130
  cupro 24, 126
  com barrado cortado a laser 291
  da China 64, 66
  Romain 72
  raiom 128
  triacetato 130

D
Diane Von Furstemberg 133

E
elastano 24, 27, 46, 54, 56, 62, 80, 136, 153, 238, 240, 242, 244, 252
Emana Dermo 240
espinha de peixe 104
estonagem 104
estrutura de malhas 15

F
fiação 21, 92, 309
fibras naturais 21, 25, 64, 96
fibras químicas
  artificiais 15, 27, 121, 145, 146
  sintéticas 15, 27, 121, 145, 146
fibras químicas artificiais obtidas da polpa da madeira 121
fibras químicas sintéticas obtidas a partir do petróleo 145
fibra têxtil 21, 40

G
Gabardine 56
gamulã 15, 24, 90, 138, 152, 166, 168, 227, 266, 274
georgette 64, 72, 76, 80, 130, 283
estampado acetinado 64, 72, 76, 80, 130, 283
guipure 280, 284, 285, 287

J
jacquard 54
jeans 15, 40, 156, 157, 158, 160, 266, 267, 309

L
lã fria 98
laise 58
lã Merino 96
Leggeríssimo 248
Levi Strauss 156
linho 24, 25, 60, 70, 110, 114, 118, 152
Link 250
lurex 279, 281, 285, 298, 303
Lyocel 136, 310

M
madras 310
malha 35, 36, 90, 122, 133, 134, 135, 136, 137, 138, 140, 141, 142, 143, 146, 250, 258, 270
malha e processo de malharia 36
modal 124, 24
moleton 40, 135, 270
musseline 66, 76

N
náilon 148

O
olho-de-perdiz 108
organza 282

P
padronagem 15, 46, 101
paetê 283, 292, 293, 294, 295, 297
pied-de-coq 104
pied-de-poule 104, 154
poliamida 21, 24, 27, 62, 148, 240, 244, 248, 250, 252, 254, 256, 258
poliéster 21, 24, 27, 60, 130, 148, 152, 248, 270
príncipe de Gales 108

R
renda 62, 279, 310
risca-de-giz 117

S
sarja 30, 104, 118, 158, 311
seda 21, 24, 25, 64, 66, 68, 70, 72, 76, 78, 88, 126, 130, 152, 266, 267
Sense Duo 258
shantung 68

T
tafetá 30, 50, 64, 70
tecidos
    com memória 262
    de lã 85, 102, 118, 285
    orgânicos 266, 267
    planos 30, 90, 122
    reciclados 270
    sustentáveis 265, 267
    tecnológicos 237, 238
Tencel 267
tingimento 62, 114, 167, 170, 178, 189, 266, 267
tweed 102, 108

V
veludo 15, 151, 152, 311
viscose 24, 27, 114, 122, 124, 135, 138

Y
Yves St. Laurent 156

FONTES:
Chaparral / Trade Gothic

#Novo Século nas redes sociais